KB126738

내 손 안의 경남 *012*

경남의 독립운동,
그 흔적

내 손 안의 경남 *012*

경남의 독립운동,
그 흔적

초판 1쇄 발행 2020년 2월 28일

저 자 _고지수·전성현·안순형·안홍좌
펴낸이 _윤관백

편 집 _박애리 ▮ 표 지 _박애리 ▮ 영 업 _김현주
펴낸곳 _ 도서출판 선인 ▮ 인 쇄 _대덕문화사 ▮ 제 본 _바다제책
등 록 _ 제5-77호(1998.11.4)
주 소 _ 서울시 마포구 마포동 324-1 곳마루 B/D 1층
전 화 _ 02)718-6252/6257 ▮ 팩 스 _ 02)718-6253
E-mail _ sunin72@chol.com

정 가 15,000원

ISBN 979-11-6068-364-6 03900

·저자와의 협의에 의해 인지 생략.
·잘못된 책은 바꿔 드립니다.

내 손 안의 경남 012

경남의 독립운동,
그 흔적

| 고지수·전성현·안순형·안홍좌 |

1930년 웅천청년회관 개관기념공연을 마치고 웅천여자청년회 일동 (김씨박물관 소장)

지난 해는 3·1운동 100주년이었다. 1919년 3월 1일부터 시작된 민족해방운동은 만세소리와 함께 전국 방방곡곡으로 퍼져 나갔다. 사람이 모이는 장터마다 '대한독립만세'라 고함쳤다. 경남 지역도 마찬가지였다. 3월부터 4월까지 도내 전 지역에서 운동이 전개되었다. 173회의 크고 작은 시위가 거의 매일 일어났고, 시위 참가 인원은 10만에 이르렀다. 다른 어느 지역보다 독립만세는 가열차게 지속되었고, 많은 사람들이 죽어가고 다쳤으며, 경찰에 잡혀간 투사들은 고문당하다 감옥 속에서 죽어가기도 했다.

3·1운동은 성공하지 못했다. 하지만 그것으로 끝난 것은 아니었다. 운동의 경험은 새로운 민족해방운동으로 전환되었다. 경남 지역에서도 다양한 세력들에 의해, 다양한 방법으로 독립운동이 전개되었다. 해방의 원동력이 되었다.

기념하지 않을 수 없다. 그래서 창원대 경남학연구센터에서 연이어 발간하고 있는 '내 손안의 경남' 열 두 번째 책을 만들었다. '경남의 독립운동, 그 흔적'이다.

경남지역의 3·1운동, 1920년대 이후의 독립운동 조직과 활동을 개관하였다. 그리고 당시의 신문기록과 사진 등을 통해 조직, 운동가, 사회활동의 다양한 모습을 담으려 했다.

해방이후 경남 최초로 편찬된 경남지역 독립운동사인 『경남독립운동소사』(상)에 대해서도 지면을 할애했다. 글쓴이 변지섭은 일제하 학생운동에 참여했으며, 그의 아버지는 애국지사 변상태이다. 아버지가 수집한 자료를 바탕으로 경남 최초의 독립운동사를 편찬한 것이다. 어려운 상황에도 불구하고 역사서를 편찬한 것은 '해방 20년', 1965년 당시를 반성하려는 의미였을 가능성이 높다.

　독립운동과 독립운동가에 대한 흔적들을 통하여, 그들이 원했던 세상을 어떠한 것이었는지, 그들이 원했던 세상은 어떠한 것이었는지, 반성하는 기회가 되었으면 좋겠다.

　독립운동에 대한 글을 쓴 고지수·전성현선생님, 기록을 찾고, 사건과 운동가를 설명하고 편집해 준 안순형·안홍좌 선생님께 고마움을 전한다. 매번 보기좋게 만들어주시는 도서출판 선인 편집부도 고맙다.

2020. 2.

창원대학교 경남학연구센터

남 재 우

경남의 독립운동, 그 흔적

내 손 안의 경남 012

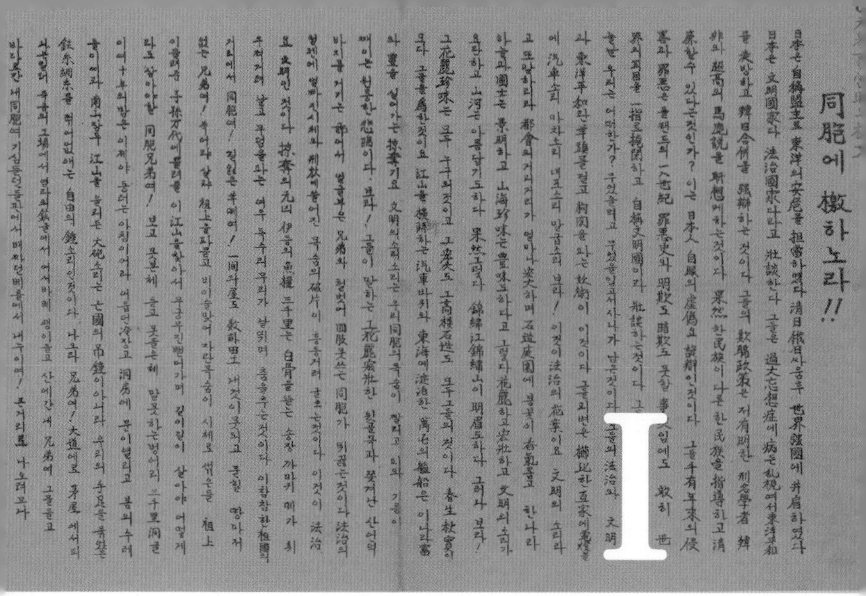
同胞에 檄하노라!!

日本은 自稱盟主로 東洋의 安危를 担當하였다 淸日俄日사움후 世界强國에 幷肩하였다

I

통영의 3·1운동 격문(독립기념관 소장)

경상남도와 3·1만세운동 _ 고지수

1. 경상남도 3·1운동 배경
2. 경상남도 3·1운동 개관 및 특징
3. 지역별 만세운동 전개 양상

Ⅰ. 경상남도와 3·1만세운동

1. 경상남도 3·1운동 배경

1) 일제의 무단통치와 수탈

일제는 1910년대 헌병경찰을 앞세워 무단통치를 실시하였다. 먼저 총독부를 설치하고 식민지 통치기구 를 확립해나갔다. 총독부 산하에 각급 행정기관과 경찰기구, 재판소 등의 억압 기구를 두고 조선은행·철도국·전매국·임시토지조사국 등 경제 수탈 기구를 설치하였으며, 제국주의 이데올로기를 선전하기 위해 여러 교육기관을 식민지 통치에 맞게 개편하고 일본인 관리를 채용하여 실권을 맡겼다. 이에 따라 일제는 부산에 부청, 지방법원, 헌병분대, 수비대 등과 같은 각종 통치기구와 은행과 회사, 정미·양조공장 등을 두었다. 진해에는 진해요항사령부를 설치하여 일본 해군의 중요 항으로 삼는 한편 육군요새사령부 헌병분대를 주둔시키고, 마산에는 부청, 군청, 지방법원 지청, 진해만중포대대 등을 두었다. 진주에는 도청, 군청, 지방법원, 헌병대, 수비대 등을 두어 일제의 경제 침탈과 식민지 지배의 효율을 꾀하였다.

일제강점기 경상남도는 일본과 지리적으로 가까워 일찍부터 침략의 거점이 되었다. 1910년대말 경상남도 지역은 경기도 다음으로 일본인이 많이 거주하는 곳이었다. 일본인들은 개항장 부산·마산을 중심으로 모여들어 1910년대에만 약 1만 5천 호, 6만여 명의 일본인이 거주하고 있었다. 경상남도에는 부산, 진해, 마산, 진주 등에 부청(府廳), 군청, 지방법원 등의 관청시설과 헌병대, 수비대, 군부대, 요새사령부 등이 주둔하여 식민 지배를 관리 감독하였다.

경제방면에서 1922년 일본인 지주와 동양척식주식회사는 경남 지방의 토지 2만 523정보를 소유하고 있었다. 뿐만 아니라 경부선, 마산선, 진해 군항의 건설을 빙자하여 헐값 또는 무상으로 토지를 수탈하였다. 경상남도에는 100정보 이상의 일본인 농장이 10여 곳이나 있었다. 창원의 무라이[村井]농장·사사키[佐佐木]농장, 밀양의 마쯔시타[松下]농장, 동래의 타가세 합명회사[高瀨合名會社], 함안의 남해회사[南海會社], 창녕의 카와사키[川崎]농장 등이다. 게다가 부산 영도·방어진·동래·창원·고성·통영·사천·남해 등지에 약 2,000호 8,368명(1918년)의 일본 어업 이민들이 살면서 우리나라 어장을 침탈하였다. 이런 조건 속에서 경남 지역 민중들의 일제에 대한 민족적 반감이 높아, 경남 지역은 3·1만세운동이 가장 격렬하게 전개된 곳 중의 하나였다.

2) 운동사적 배경 ─ 1910년대 경남 지역의 민족운동

경남 지역의 의병은 최익현의 영향을 받아 거의하여 지리산 덕유산 가야산 일대를 근거지로 경상도 전라도 충청도 등지에서 활동하였다. 함양의 노응규·문태수·전성범, 의령의 조재학, 함양의 석상용, 진주의 유종환, 양산의 서병희 등이 대표적인 인물로 이들은 1909년 남한대토벌작전 이후에도 활동을 계속하였다. 심지어 1915년 창녕에서는 잔존의병 13인이 나타나 조선인 순사보를 처단하기도 하였다.

각종 사립학교, 노동·농민야학, 서당이 설립되어 일제의 식민지 노예 교육에 맞서 민족의식을 고취해왔다. 특히 계몽운동기에 부산(동래)·김해·밀양·진주·마산·창원 등지에 많은 사립학교가 설립되었는데, 이들 학교는 1911년 사립학교규칙, 1915년 개정 사립학교규칙 등으로 대탄압을 받아 1913년 68개교 3,135명, 1918년 43개교 2,566명으로 계속 줄었지만 많은 청소년들에게 항일 의식을 불러일으켰다. 노동·농민야학 등 민중야학은 1907년 마산 노동야학이 설립된 이래 도내 각지에 확산되었다. 이 민중 야학은 노동자 농민 상인 등 기층 민중과 그 자제들을 대상으로 국문 역사 지리 등을 가르쳤다. 서당도 반일 민족교육의 주요한 거점으로 발전하였다. 경남 지방의 서당은 1911년 1,317곳에서 1918년 1,713곳으로 증가하였다.

1910년대 일제의 무단통치로 국내에서 합법적 정치 활동이 불가능하여지자 비합법적 비밀결사운동이 전개되었다. 대동청년단은 백산 안희제가 1909년 10월에 서상일·이원식·남형우 등과 더불어 조직한 비밀결사로, 1920년대 초까지 국내외의 독립운동 세력들에 자금을 조달하고 인재를 육성하였으며 국내외의 연락에 주력하였다. 이들은 대부분 경상도 일대의 청년들로, 근대적 교육을 받은 선각자적 의식을 가지고 현실에 참여한 지식인들이었다. 이들은 상경하여 교육을 받으면서 계몽단체에 참가하여 활동하였다. 이 조직은 3·1운동이 지방으로 확산되는 과정에서 많은 역할을 하였다.

1919년 1월 21일 덕수궁 함녕전에서 고종황제의 갑작스러운 죽음과 장례식[인산·因山]은 전국적으로 독립만세운동의 배경이 되었다. 고종의 사망원인에 독살당하였다는 소문이 사방으로 번지면서 배일의식이 고조되었다. 고종 장례식 참가자들이 서울 시위를 목격하고 지방으로 귀향하는 과정에서 중앙의 만세운동이 지방으로 확산되는 배경이 되었다. 경상남도도 고종 장례를 보러 간 사람들이 3월 1일 경성에서 만세사건을 목격하고 경남으로 내려가 만세운동을 확산시켰다.

2. 경상남도 3·1운동 개관 및 특징

경상남도의 3·1만세운동은 3월 3일부터 4월 29일까지 도내 전 지역에서 전개되었다. 경남지역에서 만세운동은 학생, 기독교계 인사, 양반 유생들에 의해 시작되어 점차 농민·어민·상인 및 노동자, 승려들로 확산되었다. 시위 양상도 도시에서 시작하여 3월 중·하순으로 지방 군·면·농촌으로 확대되었다. 3월 중순에서 4월 초에 절정을 이루었고 4월 중순 이후 일제의 진압 병력이 증강되면서 탄압 강도가 강해지자 소강상태로 접어들어 4월 말에 사실상 종결되었다.

경남 지역에서는 3월 3일 부산과 마산에 독립선언서가 배포되고, 서울의 시위 소식이 전해지면서 시위가 불붙기 시작하였다. 12일에 마산, 13일에 창녕·밀양, 14일 통영·의령, 3월 17일에는 함안, 3월 18일에는 합천·진주·통영·하동으로 시위가 확산되어 갔다. 21일 사천, 24일 창원, 27일 양산, 28일 함양, 30일 고성, 31일 김해, 4월 4일 남해군 등에서 차례로 전개하여 경남 도내 21개 군으로 확산되었다.

3월 중순에서 하순에 걸쳐 총 173회의 크고 작은 시위가 거의 매일 일어났으며, 시위 참가 인원은 약 10만 명에 달하였다. 173회 시위 중 46회는 일제의 발포에 아랑곳하지 않고 싸움을 벌였으며, 20회는 관공서, 일본인 관공리, 일본인 집, 친일 주구를 공격하여 일제와 충돌하였다. 그 과정에서 사망자 81명, 부상자 233명, 피검자 754명이라는 희생을 치렀다. 또한 시위 군중에 의해 파괴된 일제 관공서는 경찰관서 15개소, 헌병분견소 7개소, 군청 면사무소 7개소, 우편소 6개소, 기타 8개소 등으로 일제의 통

| 시위사건의 사상자(3.10~4.15) [매일신보] 1919년 5월 9일

치 기반에 큰 타격을 가했다. 1919년 3월 1일~4월 30일 각 도별 3·1운동이 일어난 장소 수와 횟수, 사상자 현황을 조선총독부에서 정리한 것에 의하면 경남은 시위 횟수 면에서 경기도와 황해도 다음으로 많은 101회로 나와 있으며, 만세운동 관련 사상자 면에서도 평남, 평북, 경기 다음으로 많은 186명으로 확인된다. 지역적으로 볼 때 하동·합천·진주·사천·김해·동래 등지에서는 모두 10회 이상의 시위가 있었고, 합천·함안·창원·하동 등 농촌 지역의 시위는 치열하고 완강하였다.

경남의 3·1운동에서 처음 봉기의 계기를 만든 것은 학생층이었고, 또 기독교계 인사들이었다. 기독교에서 만세운동에 참가한 인원은 남녀 3,493명이며 이들 중 검거된 인원은 99명, 검찰 송치자는 95명, 훈계 방면은 4명이었다. 불교의 경우 사찰 부속 학림과 승려들이 포함된 남녀 601명이 시위에 참가했고 동래의 범어사, 합천의 해인사, 밀양 표충사 등에서 승려들이 참가했고, 함안, 합천, 밀양 등에서 유림들이 주도적으로 참여했다. 이 가운데 72명이 검거되고 71명이 송치, 1명이 훈방 조치되었다. 3월 중·하순으로 접어들면서 시위가 지방 군내 면·농촌으로 확대되면서 시위 주체도 농민·어민·상인 및 노동자들로 확대되있다. 특히 경남에서는 농어민·노동자들의 저항이 강하였다. 지리적으로 함안 합천 진주 등 서부 내륙지역에서는 토착 세력에 의해 지역 연대로 격렬시위가 일어난 반면에, 부산 동래, 밀양, 김해 등 동남부 해안 지역, 창녕군 영산 등 상업 중심지역에서는 학생 교사 중심으로 소규모 시위를 특징으로 했다. 경상남도 만세운동 특이사항으로 3월 13일 군 고원 3명, 면서기 4명, 산림기수 1명 등 8명의 지방관리가 만세운동을 계획하다 발각되어 검거되었고 3월 15일에는 의령읍의 면서기와 자산가가 주도해 운동이 전개되었다.

경상남도 3·1운동에서 나온 구호는 다른 지역과 마찬가지로 '대한독립만세'가 가장 많았다. 이외에도 빠른 시일 내에 완전한 독립을 원한다, 독립이 안 된다면 관공리만이 아니라 다른 일반 일본인과 차별을 폐하고 평등한 대우를 원한다. 우리나라에 이주한 일본인을 일본으로 돌려보내라, 관공리는 일본인 한국인을 평등하게 임명하라, 일본 본토와 같은 교육기관을 설치하라, 교육상 일본인과 한국인을 차별하지 말라, 헌병은 물러가고 군대 분산배치도 풀라, 고율세를 줄여라, 술, 담배 세금은 반감하라 등 매우 다양했다. 이러한 다양한 구호들은 일제통치 방식, 일본인들에 의한 수탈, 차별 등이 만세운동의 원인임을 알 수 있다.

〈표 1〉 경남지방 지역별 3·1운동 시기와 시위양상

| 장소 | 기간(일자) | 시위양상 | | | 참가인원 |
		발포	충돌	비폭력	
부산	3.11~4.27	0	1	4	2,000
동래	3.13~4.27	6	2	2	1,200
창녕	3.13~4.27	0	5	2	1,000
밀양	3.13~3.31	1	1	6	1,350
의령	3.14~4.8	0	2	6	2,200
함안	3.9~4.13	1	4	5	12,000+누락
합천	4.18~4.27	9	1	7	3,000

장소	기간(일자)	시위양상			참가인원
		발포	충돌	비폭력	
진주	3.18~4.27	4	3	7	8,000
통영	3.18~4.6	1	0	2	1,200
거제	4.3~4.6	0	0	3	2,500
하동	3.18~4.27	3	0	17	12,000
산청	3.19~4.3	2	0	7	2,000
거창	3.19~4.3	1	1	2	1,800
마산	3.20~4.25	1	0	6	1,300
고성	3.20~4.25	0	2	5	1,500
사천	3.20~4.25	1	0	12	누락
창원	3.23~4.11	1	0	7	2,500
양산	3.27~4.6	3	0	2	1,250
함양	3.28~4.2	2	0	1	1,200
김해	3.20~4.16	3	1	7	8,800
울산	4.2~4.8	4	0	0	2,000
남해	4.3~4.6	1	1	1	1,200
합계		44	24	111	69,000+누락
	전체 179회				

3. 지역별 만세운동 전개 양상

경남 만세운동은 3월 중순에서 4월 중순까지 절정에 이르렀고 1일 평균 3~4개소에서 전개되었다. 지역별로 10회 이상 만세운동이 전개된 곳은 하동·합천·창원·진주·김해 등 5개 군이다. 이 중 합천은 13회로 가장 많은 시위가 전개되었다. 일제 측 기록에도 합천군 삼가에서 전개된 3월 23일의 만세시위에 참가인원이 1만 명이 넘는다고 기록되어 있다. 각 지역별로 만세운동 양상을 살펴보면 다음과 같다.

| 양산 만세시위 4월 중순경 차츰 진정세 보임 [매일신보] 1919년 4월 14일

양산군에서는 제1차 만세시위로 3월 27일 양산읍 장날을 기하여 엄주태·전병건·박삼도·정주봉·이귀수 등 청년 주동인물 5명을 중심으로 독립선언서 등을 준비하고 오후 1시 경 장꾼들이 3천여 명으로 늘어나자 장 복판에서 선언서를 배부했다. 또한 준비해 둔 깃발을 들고 일제히 '대한독립만세'를 외쳐 군중도 이에 호응했다. 일 군경이 시위 군중을 구타하고 주동 인물들을 검거하자 시위대는 양산 헌병분견소와 군청으로 달려갔다. 이에 일본 헌병이 건너편 우편소를 향해 실탄을 발사하여 시위대를 해산시키고 주동자들은 부산헌병대로 이관 후 수감시켰다. 제2차 만세시위는 4월 1일 오후 2시 수천 명의 군중이 1차 시위의 주동 인물 검거에 분노하여 양산 읍내에서 만세시위를 일으켰다. 이들은 일본 헌병분견소로 몰려가 시위를 전개하고 오후 4시 군경의 진압으로 해산되었다. 4월 이후 양산의 항일운동은 세금납부 거부, '일본인 상품 불매!' 등의 방법으로 전개되었다.

김해지역은 3월 30일 밤 7명의 애국인사들이 김해읍 중앙 거리에서 시위를 전개하고 주동 인물 몇몇이 검거되었다. 검거를 면한 인물들은 4월 2일(음력 3월 2일) 김해읍 장날을 맞아 전날에 격문을 각처에 붙이고 의용대도 조직하였다. 장꾼이 많이 모인 오후 4시 주동인물들은 약 40명의 군중들과 태극기를 흔들고 만세를 연호하며 시위를 전개했다. 일본 군경은 재향군인을 비롯해 불량배까지 동원하여 시위 군중에 폭력과 횡포를 감행하여 주동자 송세희는 쇠갈고리에 콧구멍이 파열상을 입었고 송세탁은 머리에 자상을 입었다. 이들의 횡포에 시위대는 해산되었고 시장은 강제 폐쇄되었다. 이날 주동인물 배동석·임학천·배덕수·박덕수·송세탁·송세희 등이 검거되었다. 4월 16일에는 김해면 이동리 부락에서 50명의 부녀자 중심 시위운동이 일어났는데, 일본군이 발포하여 4명이 부상당하였다. 진영에서는 3월 31일의 장날을 기하여 장꾼들이 독립만세를 불렀으며, 4월 5일에는 제 2차로 500명의 장꾼들이 봉기하여 독립만세 시위운동을 전개하였다. 장유면에서는 4월 12일 무계리 장날 2,000명의 장꾼들이 봉기하여 독립만세를 불렀는데, 일제 헌병대가 발포하여 3명이 현장에서 순국하였다. 명지면에서

| 김해 진영장날 6천명이 시위 24명 체포
[매일신보] 1919년 4월 11일

는 4월 10일 명호 장날에 100명의 농민들이 독립만세를 부르고, 이튿날인 4월 11일에도 50명의 농민들이 장터에서 독립만세 시위운동을 전개하였다.

밀양은 서울에서 3·1운동에 참가하고 귀향한 윤세주·윤치형 등이 김병환·이장수·윤보은·김소지·박상오 등의 동지를 모아 만세시위를 준비했다. 이들은 3월 13일 밀양 장날을 의거일로 정하고 장사꾼으로 가장해 독립선언서와 태극기를 품에 숨겨 밀양시장에 들어갔다. 시장에서 이들은 태극기를 군중들에게 나누어주고 독립만세를 삼창하고 만세시위를 전개하자 이에 호응한 군민 1,000여 명이 시위대열을 형성, 읍내 거리를 누비면서 대한독립만세를 외쳤다. 4월 4일에는 표충사(表忠寺)의 승려들도 단장면의 장날을 맞아 일대의 농민과 불교도 5,000명과 함께 봉기하여 대규모의 만세 시위운동을 전개하였다. 부북면에서는 4월 6일 농민 500명이 농악을 치면서 독립만세 시위운동을 전개하였다. 밀양 만세운동에서 전홍표는 밀양사립동화중학교 교장을 지낸 인물로 일찍이 학생들에게 항일독립 정신을 고취해 온 지역 명망가였다. 밀양군민들의 만세시위에 당황한 헌

| 밀양 성내의 만세시위 주모자 20명에 대한 공판이 개정
[매일신보] 1919년 4월 15일

병과 경찰은 부산에서 급파된 헌병수비대 10여 명과 합세하여 시위대를 총검으로 탄압했다. 이 과정에서 많은 사람들이 사망하고 주동자는 대부분 검거되었다. 당시 만세시위에 참가한 군중은 1만 3,500여 명이었으며, 시위 도중 사망한 사람은 150명이 넘었다. 이 과정에서 일제경찰과 헌병은 통행로가 하나밖에 없는 동네입구를 막고 사격을 가해 노약자와 부녀자까지 희생되었다.

창녕은 3월 13일 창녕군 영산면에서 천도교인 구중회·장진수·김추은·남경명·구남회 등을 중심으로 주동인물 23명이 '결사단'을 조직하였다. 이들은 이날 오후 2시 민족대표 33인의 독립선언서를 절대, 완전한 독립주권국 쟁취 등을 맹서하는 서명에 날인했다. 이들은 농민 약 300여 명과 구한국기를 앞세우고 종과 북을 울리며 '소년행진가'를 부르며 영산시내로 행진하는 시위를 전개했다. 여기에 보통학교 졸

| 영산 3·1만세 때 23명 결사단 중 김추원·구남회·장진수(좌에서부터)의 출옥 후 모습 (『봉화』 중에서)

업자 수명이 지휘하는 노동자 약 50명이 합류하여 시위 군 중은 600~700명으로 늘어나 영산주재소를 포위공격하거나 일본인 상점을 습격했다. 창녕경찰서에서 급파된 경관들에 의해 주동자들은 체포 구금되고 시위는 해산되었다. 3월 18 일 남곡면 남지리 장날 만세시위가 전개되었다. 농민 정호 권(의령군 지정면 출신)이 의령군 운동 참가 후 남지리 동지들을 모아 만세시위를 주도했다.

마산의 3·1운동은 초기 단계에서는 종교계 인사와 학생 및 지역 유림 등 지식인 계층의 주도로 시작되었다. 3·1 운 동 발발 직전 중앙에서의 독립 선언식 개최 계획이 마산에 전해지면서 마산 역시 만세 운동의 분위기가 조성되었다. 3·1 독립 선언 대표 33인 중의 한 사람인 이갑성은 2월 23 일 마산에 내려와 이상소·임학찬 등에게 일본 도쿄의 2·8 독립 선언과 서울의 독립 선언식 추진 계획을 전해주며 동 참할 것을 권고하였다. 이어 3월 2일에는 세브란스 의전 학 생 이용상이 마산에 내려와 서울의 운동 진행 상황과 함께

독립 선언서 200매를 임 학찬에게 전달하였다. 이 독립 선언서는 다시 이형 재와 김용환 등에게 전달 되었다. 3월 21일 구 마 산 소재 예수교회 부속 사립창신학교(이승규·이상 소·손덕우·임학찬 등)와 사립

| 마산 군중들 만세 시위 [매일신보] 1919년 4월 7일

의신여학교 한국인 교사(박순천)들은 연쇄 사직하여 두 학교 학생과 기타 3,000명을 규합하여 시장날 오후 3시 30분 '조선독립'이라 쓴 깃발을 앞세워 독립만세를 외치면서 시위에 나섰다. 경찰관의 제지에도 응하지 않고 소요가 커지자 마산중포병대대원 21명, 마산헌병분견소 하사 이하 7명과 마산서원이 파견되어 시위대를 해산시키고 주모자 39명을 검거했다. 3월 26일 장날 오후 2시 40분 구마산 석정통에서 구 한국기를 흔들며 독립만세를 외치자 군중들이 호응하여 시위대가 2,500명으로 증가했다. 이에 경찰관 18명과 마산중포병대대원 16명 등이 협력하여 주도자 14명을 검거하고 시위대를 해산시켰다. 3월 31일 장날 오후 4시 마산부 구마산에서 약 2,000명의 군중이 독립만세를 외치며 시위하자 마산중포병대대원과 경찰의 협력으로 오후 6시 시위대를 해산시켰다. 이외에도 마산 공립보통학교 학생들은 4월 23~25일 3일간 교내에서 연이어 태극기를 들고 독립만세를 외치고 시위운동을 전개하였다.

창원은 개항 이래 일제의 경제적·정치적 침략이 많았던 곳으로 일제에 대한 저항의식이 강한 지역이었다. 3월 23일 오후 2시 20분 창원군 창원읍 장날에 약 5,000명의 장꾼들이 봉기하여 독립만세를 불러 헌병, 경찰, 주재소원 마산중포병대대, 진해요항부 장교 이하 26명이 오후 5시 주모자 31명을 검거하여 해산시켰다. 3월 28일 진전면 오서리에 약 400명의 시위대가 조선독립만세를 외치며 진동 읍내로 향하는 소식이 전해지자 진동주재소 헌병 하사관 이하 4명,

보조원 3명이 출동하여 주모자 11명을 검거하여 오후 5시 해산시켰다. 4월 2일 장날 오후 4시 창원 읍내에서 청년 15명이 조선독립만세를 외치며 군중을 주동하여 시위하자 주재헌병 9명과 마산헌병분견소 하사관 이하 4명과 같이 해산을 명령하고 주모자 1명을 체포했다. 4월 3일 오후 창원군 진전면 오서리에서 약 3,000명의 군중이 모여 독립선언서를 낭독하고 독립만세를 외쳤다. 만세시위행렬이 사동(社洞) 다리에 이르자 일본헌병 및 보조원 8명과 일본재향군인 30여 명이 출동하여 발포하자 시위대 선두에서 태극기를 흔들던 김수동(金守東)이 총에 맞아 현장에서 죽었다. 옆에 있던 변갑섭이 태극기를 다시 잡아들고 적중으로 돌진하자, 일본헌병은 칼을 빼어 그의 양어깨를 내리쳐 숨지게 하였다. 이에 격분한 군중은 투석으로 대항하였으나 결국 8명이 현장에서 순국하고, 확인된 부상자만도 22명에 달하였다. 이후 창원군 내 항일저항의식은 더욱 고조되어 일본인의 상점 철수를 요구하거나 일본인에게 고용되는 것을 거절하였다. 4월 3일 웅동면 마천리 면사무소 앞에 이른 아침부터 군중이 모이기 시작해서 오전 11시에 약 500~600명의 군중이 모여 태극기를 들고 웅천읍을 향하여 만세시위를 전개하였다.

| 소요사 건의 후보 창원 [매일신보] 1919년 4월 7일

연도 주변의 군중들이 합세하여 3,000여 명으로 늘어났다. 진해에서 일본헌병 진해 분대장 6명과 경찰 4명이 급파되고 현지 헌병과 일인들이 합세하여 총검으로 군중을 구타하는 등 폭력진압하자 오후 2시 반 군중은 해산하였다. 이 시위운동으로 주동자 32명이 검거되었다. 이외도 창원읍에서는 3월 23일과 4월 2일에 걸쳐서 6,000~7,000명의 군중이 모여 독립만세운동을 벌였고, 4월 11일에는 가덕도에서 400여 명이, 4월 29일에는 상남면 사파정에서 50여 명이 모여 독립만세 시위행진을 전개하였다.

통영지역은 3월 9일 통영면 서정(曙町) 기독교도 진평헌 외 19명이 조선독립에 관한 선언서를 등사판으로 찍어 배포하자 출판법 위반으로 검거되었다. 3월 22일 통영면 길야정 면서기 김상진은 통영면사무소에서 백지에 조선독립만세를

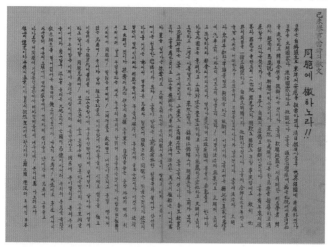

| 통영의 3·1운동 격문(독립기념과 소장)

작성하여 시가에 붙여 보안법 위반으로 검거되었다. 4월 2
일 통영군 통영면 도천리에서는 미국에서 돌아온 고채주 외
11명이 장날을 맞아 군중을 주동하여 조선독립만세를 외치
자 통영읍 장날을 기하여 4,000명의 군중이 봉기해서 독립
만세 시위운동을 전개했는데, 이 중에는 예기(藝妓) 조합에
속한 33명의 기생들이 태극기를 들고 열렬한 독립만세 시위
운동을 전개하여 이채를 띄었다.

고성군에서는 3월 22일 정칙영어학교를 졸업하고 귀향한
고성 읍내 안태원(기독교도)과 귀향 중인 부산상업학교 학생
서주조 등이 모의하여 고성 보통학교 학생들을 규합한 뒤
오후 12시 고성 보통학교 학생 약 200명이 고성시장에서 독
립만세 시위운동을 전개하였다. 3월 30일 오후 1시에는 고
성군 구만면 근처에서 독립선언 격문을 붙이고 약 500명의
군중이 나팔을 신호로 회화면 배둔리 시장에서 행진하며 시
위를 전개했다. 4월 1일 오후 4시 30분 고성읍 장날에는 전
도교교도들과 읍내 노동자 100명
이 독립만세를 외치며 구 한국기
를 앞세우고 시위운동을 전개해
고성 헌병분견소와 사천 헌병분
대원, 고성 재향군인분회원 등이
협력으로 진압하여 주모자 7명이
검거되었다. 4월 2일 대가면에서
송계리 이진동 등이 오후 2시 마
을 사립강습소에서 나팔을 불며

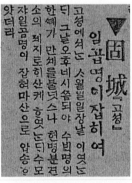

| 고성 만세운동에서 주모자 7명
이 체포 [매일신보] 1919년 4월 6일

26

군민 약 200명을 모아 독립만세를 외치며 시위운동에 들어가자 헌병과 주재소원이 해산시켰다.

사천군에서는 3월 13일 곤양면 송전리 김진곤 외 4명이 백지에 '구 한국기'를 그리고 독립만세를 써서 곤양주재소에 투척하고 마을사람을 규합한 뒤 만세를 불렀다. 진주의거에 참여하였던 황순주·박기현·김종철 등 3명이 독립선언서를 가져와 3월 21일 사천 공립 보통학교 졸업식이 끝난 후 전교 학생들이 독립만세를 불렀다. 3월 25일에는 박종실과 김우열 등이 주동해 1,000여 명의 군중이 모여 만세시위를 전개하였다. 그러나 출동한 일본경찰에 의해 주동인물은 붙잡히고 시위대열은 해산되었다. 이 때 한국인 형사 강일선(姜日善)은 구속된 주동인물들에게 온갖 학대와 횡포를 가해 이에 격분한 주민들은 26일 다시 봉기하였다. 4월 10일 서포면 구평리 송환홍 외 3명과 서포면 외구리 이주효 등이 마을 서당 학생을 모아 한국독립만세를 외쳐 시위운동을 전개했다. 4월 14일에는 중선포(中宣浦)에서 도로공사를 마치고 귀가하던 사천면 두량리 유승갑과 손계묵 등이 도로공사 인부 70여 명을 규합하여 조선독립만세를 외쳤다. 이 때 출동한 일본헌병에 의해 주동자가 잡히고 많은 사람이 부상하였다.

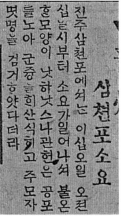

| 삼천포에서는 시위가 발생하자 관헌이 공포를 쏴 해산하고 주모자 체포 [매일신보]
1919년 3월 30일

27

남해군은 4월 4일 남해읍 장날을 기하여 1,000명의 장꾼들이 봉기해서 군청·학교·우편소·주재소등을 돌면서 격렬한 독립만세 시위운동을 전개하였다. 4월 5일 설천면 문의리 이예모 등이 주모자가 되어 한문서당 청소년을 모아 구 한국기를 앞세워 조선독립만세를 외쳤다. 구 한국 깃발을

선두로 행진하면서 마을 사람을 규합하여 오후 1시경 남해 시장에 도착한 약 750명의 시위군중은 조선독립만세를 절규했다. 오후 3시경 시위 군중이 1,000명으로 늘어나고 군청, 주재소, 보통학교 유리창, 기타 건물과 기물을 파괴하는 등 시위 양상이 격렬했다. 다음날인 4월 6일 사천 경찰서 경관과 일본 헌병 수십명이 급파되어 주동 인물 23명을 검거하고 시위는 진압되었다. 4월 6일 고현면 농민 약 500명의 군중이 남해 읍내에서 봉기하여 독립만세 시위운동을 전개했는데, 일제 경찰이 발포하여 1명이 현장에서 순국하였다.

하동군은 3월 18일 하동읍 장날을 기하여 약 2,000명의 장꾼들이 독립만세를 불렀으며, 제 2차로 3월 23일 약 700명의 장꾼들이, 제 3차로 4월 7일 하동 공립보통학교 학생 130명이 봉기하여 독립만세 시위운동을 전개하였다. 또한 옥종면에서는 3월 24일 안계리 장날을 기하여 약 3,000명의 농민들이 독립만세를 부르고 주재소 앞에서 시위운동을

전개했으며, 3월 29일에도 제 2차로 300명의 농민들이 봉기하여 독립만세 시위운동을 전개하였다. 진교면에서는 3월 29일 진교리 장날을 기하여 약 1,000명의 장꾼들이 독립만세

| 하동지역에 배포된 대한독립선언서 (독립기념관 소장)

시위운동을 일으켰으며, 일제 경찰이 주동자 수명을 검거하자 이튿날인 3월 30일에도 약 1,000명의 농민들이 주재소를 에워싸고 애국자 석방을 요구하며 격렬한 독립만세 시위운동을 전개했다. 4월 6일 지교리 장날에도 다시 1,000명의 군중들이 봉기하여 독립만세 시위운동을 전개했는데, 일제 군경의 발포로 3명이 현장에서 순국하고 7명이 부상당하였다. 또한 고전면에서는 4월 6일 주교리 장날에 약 1,000명, 화개면에서도 4월 6일 화개리 장날에 약 300명이 봉기하여 독립만세 시위운동을 전개하였다.

| 거제도 시위 주모자 4명 유죄 판결 [매일신보] 1919년 5월 29일

거제군에서는 4월 3일 이운면(二運面)의 아주리(鵝州里)의 윤택근이 아양리의 이인수·이주근과 함께 만세시위를 계획하였다. 4월 3일 아주리 시장에서 전개된 시위는 오후 7시 30분경 50명의 군중들에게 태극기를 나눈 뒤 '대한민국독립만세'를 쓴 깃발을 앞세우고 만세를 외쳤다. 이에 군중들이 호응하여 독립만세를 외치는 시위가 전개되었다. 이운면(현 장승포면) 옥포리의 주종찬 등은 4월 3일 '대한독립만세'를 쓴 붉은 깃발 7개를 옥포리 시장에 세우고 '대한독립만세'를 선창하자 많은 군중이 호응하여 만세 시위가 전개되었다.

진주군에서는 3월 18일 박진환·이강우·강대창·강상호·박용근 등이 진주읍 장날에 예수교 예배당에서 알리는 12시 정오 종소리를 신호로 일제히 조선독립만세를 외치며 봉기하였다. 오후 4시경 시위 군중이 경남도청 앞에 이르자 시위군중은 약 3만 명으로 늘어나 시위운동을 전개했다. 시위가 확대되자 진주서원, 경찰부원, 헌병대원들이 협력하여 군중을 해산시키고 주모자와 관계자로 지목된 300여 명을 검거한 뒤 해산시켰다. 시위 군중은 각대로 나누어 봉화를 올렸고 오후 7시에는 '노동독립단'의 군중이, 2시간 뒤에는 '걸인독립단'이 나타나 시위를 전개했다. 다음날인 3월 19일에도 다시 약 7,000명의 군중이 봉기하여 악대를 선두로 태극기를 앞세우고 독립만세를 외치면서 시위를 전개했다. 이 시위에는 '기생독립단'이 태극기를 선두로 남강 변두리를 둘러 촉석루를 향해 시위를 벌였고 이 과정에서 기생 6명이 검거되었다. 군중들이 도청과 경무부로 몰려가자 일본 헌병이 총검으로 위협하고 시위 군중을 난타하는 등 폭력으로 진압해 약 100명의 군중이 검거되었다. 3월 20일에는 1,000명, 4월 21일에도 역시 1,000명의 군중이 독립만세 시위운동을 전개했으며, 4월 18일 장날에는 다시 3,000명의 농민들이 봉기하여 애국자들이 수감되어 있는 진주 법원 지청을 둘러싸고 격렬한 독립만세 시위운동을 전개하였다.

함안군에서는 3월 18일 오후 6시 함안군 칠서면 이룡리 농민 진영우 등이 마을사람들을 모아 조선독립만세를 외치고 시위운동을 전개했다. 3월 19일 함안군 대산면 한문교사 안지호가 주모하여 구 태극기를 앞세우고 조선독립만세를 외치며 약 2,500명의 군중과 시위를 전개했다. 이들은 함안경찰관 주재소로 진격하여 주재소 건물에 투석하고 군청을 덮쳐 폐쇄한 문을 파괴한 뒤 만세를 외쳤다. 오후 5시 40분 마산중포병대대 준사관 이하 16명이 시위대를 진압하고 주모자 65명을 검거하였다. 3월 20일 함안군 군북면 교동방면 군북 장날을 기해 이웃한 면의 농민들까지 약 5,000명의 농민들이 봉기해서 대규모의 완강한 독립만세 시위운동을 전개했는데, 일제 군경이 발포하여 무려 21명이 순국하고 18명이 부상당하였다. 칠원면(漆原面)에서는 칠원읍 장날을 기하여 3월 24일 700명의 농

| 함안에서 군중이 주재소와 우편국을 습격하자 중포병대가 진압 [매일신보] 1919년 3월 22일

31

민들이 독립만세를 외치며 시위하여 주동자 9명이 검거되고 해산되었다. 그러나 밤 9시 시위대 약 200명이 주재소로 몰려와 주모자 10명이 검거된 뒤 해산되었다. 4월 3일에 제2차 시위로 약 500명의 군중이 구 태극기를 앞세우고 독립만세를 외치며 함안군 칠원 경찰관주재소에 몰려와 투석하는 등의 시위 양상을 벌이자 일본 헌병들이 공포를 발사해 시위대를 해산시키고 주모자 9명을 검거했다.

의령군에서는 서울의 독립만세운동 소식을 접한 의령읍 동동(東洞)의 구여순이 독립선언서를 입수한 뒤 3월 13일 최정학과 함께 동지를 규합하여 독립선언서를 배부하고 동시에 의령공립보통학교 학생들에게 시위에 동참할 것을 모의하였다. 3월 14일 의령읍 장날을 기해 모여든 군중 앞에서 구여순을 비롯한 주동 인물들이 태극기를 들고 일제히 독립만세를 외쳤다. 이때 의령공립보통학교 학생을 중심으로 300명이 호응했고 군중은 3,000명으로 늘어났다. 이튿날인 3월 15일에도 비밀연락에 따라 의령향교 앞에 다시 모인 1,500명의 시위대는 경찰서와 군청 앞까지 행진하여 시위운동을 전개하였다. 이날 의령군청 직원인 안의의 정봉균은 시위대 선두에 서서 독립만세를 외치기도 하였다. 15일 만세시위에서 일본 군경에

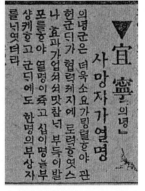

의령의 맹렬한 시위에 헌병이 발포하여 10명이 사망 [매일신보] 1919년 3월 22일

의해 주동자들이 검거되자 시위대는 경찰서로 몰려가 검거자 석방을 요구하였다. 이때 마산 일본군 포병대대 7~8명이 급파되어 군중을 총검으로 해산시키고 주동자 10명을 검거했다. 의령읍 만세시위는 16일에도 계속되었으나 진주에서 파견된 일본군 응원부대가 총검으로 탄압하자 더 확대되지 못했다. 이 시위로 검거 인원은 100여 명에 달했고 이 가운데 30명이 형을 선고 받았다. 이외에도 부림면에서는 3월 15일 신반리(新反里) 장날에, 지정면에서는 3월 16일 봉곡리 장날에 수백 명의 농민들이 독립만세 시위운동을 전개하였다.

산청지역은 3월 18일 오후 민영길·신영희·오명진·오원탁 등 4명이 만세시위운동을 계획하고 산청군 산청면 새동 수절정에 모여 독립선언서 결의서와 태극기 등 1,500장을 등사 인쇄한 뒤 3월 22일 산청시장에서 이를 배포하고 독립만세를 외쳤다. 이 시위로 주동자 민영길·신영희·오명진·최오룡·오원탁·신창훈·신몽상 등이 검거되었다. 신등면(新等面)과 단성면 (丹城面) 농민들을 중심으로 3월 20일 단성면 성내리 상날 약 1,000명의 농민들이 봉기하여 완강한 독립만세 시위운동을 전개했는데, 일제 군경이 발포하여 11명이 순국하고 7명이 부상당하였다. 3월 22일 산

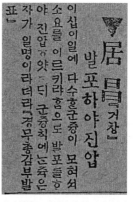

| 산청군 시위에서 발포가 있어 사상자 다수 발생 [매일신보] 1919년 3월 25일

청읍 장날에도 장꾼들이 독립만세를 불렀다.

합천군은 3·1운동이 일어나자 서울에 있던 정현상과 이기복이 독립선언서를 가지고 내려와 비밀리에 독립만세운동을 계획하였다. 3월 18일 삼가면 장날 300명의 농민들이 만세 시위를 전개하였다. 이때 출동한 일본 경찰에 의해 시위 군중은 강제 해산되고, 주동자 10명이 붙잡혔다. 합천읍은 3월 19일 장날에는 500여 명의 군중이 만세 시위를 전개하다 심재기 등 주동자 16명이 붙잡혔다. 3월 20일 다시 의거하여 시위행진을 벌였으나 일제의 무차별 사격으로 4명이 순국하고 11명이 부상당했으며 22명이 투옥되었다. 대병면에서는 3월 20일 창리(倉里) 장날에 4,000명의 장꾼과 농민들이 독립만세 시위운동을 전개했는데, 경찰이 시위대를 향해 발포하고 이병추(李秉樞)가 부상당하자 이에 흥분한 군중이 주재소와 대병면사무소를 파괴하고, 서류를 불태웠다. 이날 일본군의 발포·제지로 54명이 검거되었다. 시위군중 1명이 부상당하자 격노한 군중들이 주재소를 습격하여 파괴해 버렸다. 초계면에서는 3월 21일 초계리 장날에 이원화·전하신·성만영·김덕명 등이 주동하여 4,000여 명의 군중이 만세 시위를 전개하였는데 일제 헌병대가 발포하여 2명이 순국하고 다수가 부상당하였다. 3월 21일 초계리(草溪里) 장날에는 이날 역시

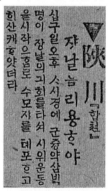

▼陜川[한천]

심구일오후 스시경에 군중약삼백명이 장날의과회를타서 시위운동을시작으로 수모자를 테포ᄒ고 히산캐ᄒ얏더라

| 합천에서도 장날을 이용하여 만세 시위했으나 주모자는 체포됨 [매일신보] 1919년 3월 22일

출동한 일본 경찰에 의해 2명이 순국, 10명이 부상하였고, 많은 사람이 붙잡혔다. 쌍백면에서는 3월 22일에 4,000여 명의 군중이 독립만세 시위행진을 벌였는데, 출동한 일본 헌병의 무차별 사격으로 공사겸이 현장에서 죽고 많은 사람이 붙잡혔다. 묘산면에서는 3월 22·23일에 걸쳐 윤병석·윤병은·윤병양 등의 주동으로 100여 명의 군중이 독립만세운동을 전개하였다. 이때 출동한 일본 경찰의 무차별 총격으로 2명이 죽고, 많은 사람이 부상 또는 검거되었다. 3월 23일에는 가회면·상백면·삼가면을 비롯한 전 지역에서 농민 1만여 명이 사전 연락을 받고 삼가 장날 장터에 모여농악을 울리며 대대적인 독립만세 시위운동을 전개했는데, 일제 군경의 발포로 13명이 순국하고 30명이 부상당하였다. 이날 군중들은 삼가읍 정금당(正衿堂) 앞 광장에서 일제를 규탄하는 성토대회를 열었는데 마지막 연사 임종봉의 강연이 절정에 달하자 일본 경찰이 총격을 시작하였다. 총을 맞고 계단에서 굴러 떨어지는 임종봉의 모습에 군중의 분노가 폭발하여, 몽둥이와 낫을 들고 경찰주재소와 우편소로 몰려갔다. 이 때 일본 군경이 일제히 총격을 가하여 13명이 현장에서 순국하고 30여 명이 부상하였다. 그 밖에 3월 28일에는 야로면, 4월 3일에는 가야년 매안리, 4월 7일에는 봉산면 술곡리에서 각각 만세시위운동이 전개되어 많은 주동자들이 붙잡혔다. 3월 31일에 해인사(海印寺)의 불교 지방학림 학생 등 200명이 해인사 앞에서 독립만세 시위운동을 전개했으며, 4월 4일 가야면 농민 400명은 가야산 위에 모여서 독립만세를 불렀다.

함양군에서는 3월 28일 함양읍 장날 정순길·윤진현·정순지·노경식 등이 약 2,000여 명의 군중을 모아 구 태극기를 앞세워 독립만세를 외치면서 행진했다. 3월 31일에는 안의면 장날을 기해 약 500명의 군중이 조선독립선언서를 뿌리며 구 태극기와 깃발을 앞세워 독립만세를 외치며 관청

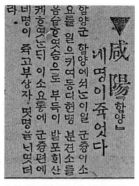

| 함양 만세시위 때 헌병의 발포로 4명이 사망 [매일신보] 1919년 4월 6일

습격을 시도했다. 이에 주동자인 함양군 서하면 봉산리 김병화와 1,500명의 농민들이 봉기해서 독립만세 시위운동을 전개하였다. 4월 2일 함양 장날에 김한익 등이 시장 내에서 구 태극기를 흔들며 군중 약 2,500명을 유도하여 독립만세를 외치고 시위를 전개했다. 나아가 함양 헌병분견소를 습격하려 하자 헌병대가 발포하여 시위대를 해산시키고 4명의 사상자를 냈다.

거창군에서는 3월 20일 장기리(場基里) 장날에 김채환·김호·오문현·어명철·최영순 등이 주도하여 가조면, 가북면의 농민을 규합하여 태극기를 높이 들고 독립만세 시위운동을 전개하였다. 거창읍 장날인 3월 22일 읍내에서 대규모 만세운동을 준비하다가 일제 헌병대에 주동자들이 검거되자, 가조면·가북면의 농민 약 3,000명은 장기리 장터에서 봉기하여 격렬한 독립만세 시위운동을 전개했는데, 일제 헌

병대의 발포로 4명이 현장에서 순국하고 다수가 부상당하였다. 가조면 만세시위 소식이 알려지자 위천면 장기리 정대필과 남산리의 유희탁은 만세시위를 계획하고 4월 8일 위천 북상, 마리면을 돌며 시위를 전개했다. 일 군경의 진압으로 시위군중은 해산되고 정대필, 유희탁은 체포되었다.

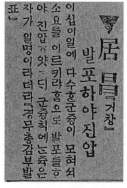

| 거창 군민들이 만세를 부르자 발포하여 진압 [매일신보] 1919년 3월 25일

[참고문헌]

독립기념관, 『3·1독립운동』(연구발간물), 독립기념관, 1989.

김진호·박이준·박철규, 『국내 3·1운동Ⅱ-남부-』, 한국독립운동사편
    찬위원회·독립기념관한국독립운동사연구소, 2009.

김상환, 『경상남도의 3·1독립만세운동』, 경인문화사, 2012.

〈한국민족문화대백과사전〉 http://encykorea.aks.ac.kr/Search/
    List

1916년 4월 개교한 통도사 지방학림 전경(양산시 보광중학교 소장)

3·1운동 이후의 독립운동 _ 전성현

1. 청년운동
2. 농민운동과 노동운동
3. 형평사와 형평운동
4. 신간회와 민족운동

Ⅱ. 3·1운동 이후의 독립운동

전민족적·전민중적·전지역적 항일독립운동인 3·1운동은 강제 병합을 전후해 진행되고 있던 모든 종류의 항일독립운동을 통합한 것이었을 뿐만 아니라 이후 민족해방운동의 화수분이며 호수가 되었다. 한편 3·1운동의 결과 제국 일본의 식민지 통치 방식이 일정 부분 변화하여 이른바 문화통치 하에 완전하지 않지만 집회 및 결사의 자유가 주어졌다. 이로 인해 이후 민족해방운동은 여러 방면에서 다양한 운동의 형태로 전개되었다.

특히 사회사정과 국제정세에 민감한 청년들을 중심으로 하는 청년조직과 사상단체의 결성은 청년운동, 농민운동, 노동운동으로 확대 분화되어 갔다. 이러한 가운데 사회 제단체는 연합하여 신간회와 근우회를 결성하고 민족운동과 여성운동도 전개해 나갔다. 더불어 전통사회의 신분이 근대사회의 직업으로 전환되었음에도 불구하고 여전히 신분제적인 차별의 관습이 지속되자 이를 철폐하고 평등한 대우를 실현하기 위한 형평사의 결성과 형평운동도 경남에서 전개되었다. 아래에서는 3·1운동 이후 경남에서 결성된 여러 조직의 다양한 활동을 통해 일제강점기 민족해방운동의 일단을 살펴보도록 하겠다.

1. 청년운동

1910년대 지역에서는 종교집단의 청년단체를 비롯해 구락부나 수양회 같은 청년단체들이 이미 존재했다. 이들 단체는 표면적으로 인격 향상과 체육 장려 등 개인의 수양을 위한 단체였다. 그런데 국내외의 독립운동세력과의 직간접적인 관계 속에서 차츰 사회의 수양이라고 할 수 있는 '독립운동'으로 나아가고자 하는 모습도 보였다. 이 때문에 3·1운동에 학생 청년들의 참여는 압도적이었다. 하지만 민족의 자결과 독립을 외친 3·1운동은 곧바로 독립의 쟁취로 나아가지 못했다. 따라서 이후 청년조직과 사회운동은 독립을 준비하기 위한 실력양성과 사회개혁에 집중되었다.

3·1운동의 결과, 제한적이지만 제국 일본의 통치 방식에 일정한 변화가 생겼다. 한계는 있지만 집회와 결사의 자유가 어느 정도 보장된 것이다. 이에 1919년 말부터 1920년 초까지 청년회, 청년구락부, 청년수양회 등 청년단체가 전국에서 급격하게 늘어났다. 개별적으로 존재하는 이러한 지역의 청년단체를 하나로 통일하여 통합적으로 개인의 수양과 사회의 혁신을 전개할 필요가 생겼다. 따라서 서울에서 조선청년회연합회 기성회가 발기했다. 이들은 사회를 혁신할 것, 세계에 지식을 강구할 것, 건전한 사상으로 단결할 것, 덕의를 존중할 것, 건강을 증진할 것, 산업을 진흥할 것, 세계문화에 공헌할 것이라는 7대 강령을 토대로 1920년 12월 1일 연합회를 결성했다.

121개의 청년단체들이 참가한 조선청년회연합회에 경남에서는 모두 30개의 청년단체가 참여했다. 고성·김해(장유·진례 포함)·마산·밀양(기독청년회 포함)·부산·사천·양산·창녕·창원(가덕·기인·남면·대동·동화·웅천·진해 포함)·함안(낙동 포함)·함양·합천(삼가·초계 포함)·의령·진주 등 경남에서 결성된 대부분의 청년단체들이 모두 포함되었다. 경남의 청년단체는 1921년 6월 52개로 늘어났고 다시 1923년 2월에는 75개로 증가했다. 경남의 청년단체들의 이와 같은 빠른 결성과 확장은 부산, 마산 등 개항장을 중심으로 신학문, 신사상을 수용할 수 있는 지리적 여건을 토대로 한 청년층의 빠른 성장 때문이었다.

그런데 초기 청년단체는 3·1운동 이후 급성장하는 청년과 학생도 참여했지만 청년운동을 수행하는데 필요한 제반 경비와 학식, 그리고 지역적 신망을 갖춘 지역유지들이 중심이었다. 따라서 초기 청년운동은 문화운동의 일환으로 순회강연, 토론 등이 주로 진행되었다. 강연과 토론의 주제는 문명·문화·위생·교육·산업 등 개인의 수양과 사회의 개혁을 토대로 한 실력양성에 집중되었다. 나

| 경남의 조선인 단체 [매일신보] 1921년 6월 25일

아가 전국적으로 활발하게 진행된 물산장려운동에도 참여했다. 1923년 조직된 조선물산장려회가 전국으로 확산되면서 이 운동을 주도했지만, 지역의 청년단체들도 활발하게 참여했다. 경남의 물산장려운동에 참여한 청년단체는 부산·동래·양산·밀양·창녕·합천 등의 여러 단체였다.

한편, 3·1운동 이후 국내는 물론 중국과 러시아, 그리고 일본 등지에서 사회주의 정당 제단체가 결성되어 이들과 관련된 사회주의 비밀단체들이 1922년에 들어 서울을 중심으로 활동하기 시작했다. 이에 서울청년회를 중심으로 기타 청년단체 18개가 조선청년회연합회를 탈퇴하고 새로운 사회주의 계열의 청년조직을 만들고자 했다. 1923년 3월 개최된 전조선청년당대회 이후 서울청년회를 중심으로 '신사회의 건설'을 목표로 '계급적 자각과 단결로 무산대중 해방운동의 전위'가 될 새로운 전국적 청년단체의 결성이 진행되었다. 기존의 청년회연합회와 서울청년회 그리고 신흥청년동맹 등이 중심이 되어 1924년 4월 조선청년총동맹를 창립했다. 조선청년총동맹의 결성은 기존의 청년운동을 통일하는한편 민족주의적인 문화운동에서 사회주의적인 무산계급운동으로 전환하는 의미를 가졌다.

조선청년총동맹은 창립 이후 기존의 청년단체는 물론 복수단체까지 모두 끌어들여 1925년 6월 결성 1년 만에 전국 254개 단체, 회원 5만여 명의 거대 조직으로 성장했다. 또한 조선공산당의 조직과 함께 청년운동을 통일적으로 중앙집중화하기 위해 군 단위의 연맹과 도 단위의 연맹을 결성하기 시작했다. 1920년대 중반 경남에서도 사상단체의 활동이 확인되지 않는 함안·의령·창녕·남해·산청·함양 지역을 제외하고 부산·동래·울산·밀양·김해·마산·창원·통영·거제·고성·진주·하동·합천에 각각 청년연맹이 결성되었다.

그런데 군 단위의 청년연맹 중 부산은 서울파 청년연맹과 화요파 청년연맹이, 울산은 울산청년연맹과 울산군청년연맹이, 김해는 삼각청년연맹과 김해청년연맹이 각각 결성되었다. 이는 당시 사회주의 계열 안에서 노선투쟁 중이었던 서울파와 화요파의 경쟁을 그대로 드러내는 것이었다. 이러한 노선경쟁은 도연맹에서도 서울파(창원·삼랑진·진영·거제·진해 등)와 화요파(마산·김해·진주·하동·울산·동래 등)로 분리되어 각각 도청년연맹이 결성되도록 추동했다. 이처럼 사회주의 단체의 경쟁, 일제의 사상단체에 대한 탄압 등으로 경남도청년연맹은 결국 단일한 조직으로 전환되지 못했다.

1925년 후반부터 청년운동의 방향전환 문제가 대두되기 시작했다. 이른바 무산계급 청년운동에서 민족

| 경남 청년연맹 임시대회 소집
[중외일보] 1930년 4월 25일

44

적·대중적 청년운동으로의 전환이 제기된 것이다. 나아가 1926년 6·10만세운동을 통한 민족통일전선의 가능성과 민흥회의 발기, 그리고 아세아민족대회 반대투쟁 등은 이와 같은 청년운동의 전환을 한층 현실화시켰다. 곧바로 제기된 이른바 '정우회선언'으로 1927년 2월 좌우합작의 신간회가 창립됨으로써 청년운동도 '전 민족적 청년운동'으로 전환하게 되었다. 그해 8월 조선청년총동맹의 '신운동방침'에 따라 단일한 군부청년동맹의 건설이 전국적으로 확산되었다. 이에 따라 지역의 청년단체들은 기존의 강령과 조직 내용을 총동맹의 강령에 기초하여 "청년대중의 정치적·경제적·민족적 이익의 획득"과 "청년대중의 의식적인 교양과 훈련 철저", "청년대중의 공고한 단결" 등으로 변경했다. 단일한 군부청년동맹-지부-반으로 이어지는 조직의 결성은 과거 서울파와 화요파로 분리되었던 청년운동을 지역차원에서 극복하는 과정이었다.

경남지역도 군부청년동맹 결성에 착수했다. 1927년 부산·양산·김해·마산·거제·함안·고성·하동 등 8곳, 1928년 동래·밀양·창원·의령·합천·진주·사천 등 7곳, 1929년 울산, 통영 등 2곳, 1930년 남해 등 1곳 등 산청을 제외한 모든 지역에서 조직되었다. 군부청년동맹이 활동한 시기는 신간회의 활동 시기와 거의 일치했다. 군부청년동맹은 지역의 신간회 지회와 함께 신간회 운동에도 적극적으로 나섰다고 볼 수 있다. 구체적으로 신간회지지, 언론과 교육의 권익 신장, 신분 차별과 악습 철폐 등 중요한 정책을 추진했다. 또한 노동·농민·여성·소년 등 각 부문운동을 지원하는 한편 야학 등을 운영하기도 했다. 그 외에 지역과 지역민의 문제 등을 해결하기 위한 선전, 언론 활동도 전개했다.

하지만 청년운동의 방향전환을 토대로 한 단일한 전 민족적 청년운동을 전개하던 경남지역의 군부청년연맹은 1929년 세계 대공황과 함께 전개된 사회주의 계열의 운동노선 전환과 일제의 심화된 탄압에 따라 해소 과정에 들어갔다. 중앙 차원의 합법적인 운동보다는 지역 차원의 노동·농민 조직의 청년부로 재편하는 것이 바람직하다는 해소론이 대두되면서 군부청년동맹 차원의 청년운동은 거의 소멸되고 말았다.

2. 농민운동과 노동운동

3·1운동 이후 민족운동은 대중운동으로도 확산되었다. 특히 대중의 대부분을 차지하고 있던 농민과 새롭게 성장하는 노동자들의 계급적 이익을 옹호하고 이들과 관련된 사회적 문제를 해결하는 것이야 말로 민족운동의 한 방편이라고 생각한 새로운 조직이 결성되었다. 즉, 농민운동과 노동운동을 통한 민족적, 계급적 해방을 표방한 전국적 조직인 조선노동공제회가 1920년 4월 결성된 것이다. 조선노동공제회는 노동자·농민을 결합하는 조직사업을 전개했는데, 경남지역에서는 최초로 진주로부터 시작되었다. 1922년 2월

'조선노동공제회 진주지부'로 탄생한 진주노동공제회는 산하에 소작부와 노동부를 두고 사천과 하동 등에 지회를 설치하는 등 2만 2천여 명의 회원을 거느리고 진주와 그 인근 지역의 소작운동을 지도했다. 진주노동공제회는 단순한 지역 단체가 아니었다. 1922년 9월에는 천여 명이 참가한 전국 최초의 '소작노동자대회'를 개최하였으며, 1924년 9월에는 삼남지방 노동·농민단체 대표자가 모인 '경남노동운동자 간친회'를 주관하기도 하는 등 경남지역 농민운동과 노동운동의 중심적인 역할을 수행했다.

진주 이외에도 농민단체들이 1920년대 전반에 다수 출현했다. 서울의 조선노동공제회와 관련 없지만 진주지역보다 더 빠른 시기 의령의 가례와 서동에서 농민회가 결성되었다. 대체적으로 울산, 김해·마산·창원·진해·의령·창녕·합천·진주·사천·하동·거창 등지에서 다양한 형태의 소작인단체와 농민단체들이 속속 결성되었다. 이들 농민단체들은 대부분 지역의 사회운동가들에 의해 결성되거나 농민 스스로가 단체를 조직하는 경우도 있었다. 소작인 및 농민단체들은 열악한 소작환경을 개선하기 위해 소작쟁의를 일으키거나 각종 순회강연·운동회·노동야학·신문잡지 구독 등을 통해 스스로 자각과 계몽에 나섰다.

한편, 사회주의 세력의 경쟁과 농민, 노동자운동의 진전에 따라 조선노농총동맹이 조선청년총동맹으로부터 분리되어 1924년 4월 결성되었다. 조선노농총동맹은 "노농계급을 해방하고 완전한 신사회를 실현할 것"을 목적으로 했다. 이를 위해 "최후의 승리를 얻을 때까지 철저적으로 자본계급과 투쟁할 것"과 "노농계급의 현하 생활에 비추어 각각 복리증진, 경제향상"을 표방했다. 이 조직은 노동자와 농민이 중심이 되어 운동을 진행하기 보다는 지식인 중심의 운동에 그쳤다. 따라서 농민과 노동자를 분리할 필요성이 대두되었고 1925년 11월 조선노동총동맹과 조선농민총동맹으로 분립되어 농민운동은 새로운 전기를 맞았다. 기존의 소작인상조회, 소작조합, 그리고 농민단체는 모두 농민조합으로 전환되었다. 농민조합으로의 전환은 그간 소작농, 자작농 및 자소작농 등으로 분리된 조직을 농민 전체를 아우르는 대중조직으로 전환한 것이었다. 그만큼 농민운동의 주체적 역량이 농민 중심으로 전환되었음을 의미했다.

경남지역의 기존 농민단체들은 1920년대 중후반 농민조합으로 전환하기 시작했다. 1926년에서 1929년 사이 밀양(은산농민조합)·고성(고성농민조합)·동래(일광농민조합·기장농민조합)·창원(남면농민조합·삼진농민조합·상남농민조합·웅천농민조합)·진주(일반성농민조합·진주농민조합)·함안(함안농민조합) 등지에 11개의 농민조합이 설립되었다. 그 가운데 가장 많은 4개의 농민조합이 창원에 결성되었다. 창원은 행정구역이 넓고 동양척식주식회사를 비롯한 수많은 일본인 지주들의 농장이 존재했기 때문이었다. 이 가운데 군 단위 농민조합이 결성된 곳은 진주·고성·함안 등지였다. 면 단위 농민조합이 결성된 곳은 울산의 언양, 동래의 기장, 밀양의 은산, 창원의 남면·삼진·상남·웅천, 진주의 일반성 등지였다. 동리 단위의 농민조합이 결성된 곳은 일광이었다. 나아가 군 단위 농민연합체인 농민연맹이나 농민연합회가 결성된 곳은 김해·의령·진주·하동 등지였다. 이외의 지역에는 여전히 기존 노농회나 농민회 형태로 동리 단위의 개별적 농민단체로 존재했다.

1920년대 경남지역의 농민단체들은 이상과 같이 농민조합, 농민연합회, 농민연맹 등을 새로 결성하고 이를 통해 합법적인 농민운동을 전개해갔다. 특히 소작권 보호, 동척 및 지주 비행 고발, 소작쟁의 공동대응, 조합원 공동구제, 수리조합비 불납운동, 농가원료 공동구입, 농산물 공동판매 등에 앞장섰다. 물론 농민조합은 지부 조직이나 동리의 반조직 등을 운영하지 못해 소작쟁의를 주도적으로 이끌지 못하는 경우도 존재했다. 하지만 대체적으로 이 시기 농민조합 등

| 양산 농민조합원 300명 경찰을 대거 습격하다
[매일신보] 1932년 3월 18일

농민단체들은 경남 각 지역의 중심적인 대중조직으로 성장해 갔다고 할 수 있다.

1920년대 후반의 합법적인 농민운동은 1930년대가 되자 앞에서도 살펴본 것처럼, 다른 사회조직과 민족·사회운동의 방향 전환과 동일하게 새로운 농민운동으로 방향을 전환하기 시작했다. 1930년부터 조선농민총동맹은 과거 합법적인 틀 내에서 전개된 농민운동의 한계를 극복하고 '무산 농민'이라고 할 수 있는 빈농에 기초하여 토지, 소작 문제를 해결하기 위한 혁명적 농민조합운동을 전개하게 되었다. 이에 따라 경남지역에도 기존의 농민조합을 새로운 혁명적 농민조합으로 전환하거나 새롭게 결성하는 움직임이 확산되었다. 1930년을 전후하여 혁명적 농민조합으로 울산 서생농민조합·언양농민조합, 양산농민조합, 김해농민조합, 창원 웅촌농민조합, 통영농민조합, 거제농민조합, 의령농민조합, 창녕농민조합, 진주농민조합, 고성농민조합, 함안농민조합, 삼천포농민조합, 합천 초계농민조합, 거창농민동맹 등이 전환되거나 결성되었다.

이 가운데 경남지역의 혁명적 농민조합운동을 잘 보여주는 사례가 양산농민조합이라고 할 수 있다. 양산농민조합은 1931년 '경남적색농민조합건설 동부위원회'의 조직책이던 전병건에 의해 결성되었다. 양산농민조합은 일본인 지주의 소작권 이동에 적극적으로 관여하면서 운동을 전개했다. 계속되는 지주들의 소작료 인상에 맞서 소작료 4할, 지세 지주 부담 등의 요구를 주장하면서 경찰의 탄압을 받기 시작했다. 이와 같은 과정에서 농민조합의 시위는 점차 늘어났고 조합원 200여 명의 검거와 구속이라는 대대적인 탄압에 직면하는 등 사건화(양산농민조합사건)되어 결국 활동은 중단되고 말았다. 이처럼 혁명적 농민조합운동은 조선공산당 재건운동과 결부되면서 일제의 대대적인 탄압으로 저지되었다. 하지만 농민들의 자연발생적인 소작쟁의는 여전히 지속되어 일제 말기까지 이어졌다.

일제강점기 노동운동도 농민운동과 마찬가지로 1920년 4월 조선노동공제회의 결성 이후 각 지역에 노동회·노우회·노동친목회·노동계·노동조합 등이 조직되면서 차츰 전개되기 시작했다. 개별 조직에 의한 운동을 통일적으로 이끌어 나가기 위한 연합조직체로 1924년 조선노농총동맹이 결성되면서 노동운동은 노동조합 조직과 함께 본격화되었다. 더불어 지역 단위의 노동단체들을 묶는 지역협의체 형태의 노동연맹 또는 노동연합 조직이 생겨났다. 1920년대 중후반 소작쟁의를 필두로 하는 농민운동과 노동쟁의를 중심으로 하는 노동운동이 점차 늘어나자, 이를 조직적으로 이끌고 나갈 단일한 기관의 필요가 대두되었고 그간 함께하던 조선노농총동맹은 1927년 조선노동총동맹과 조선농민총동맹으로 분리되어 활동하기 시작했다. 조선노동총동맹체제 하에 지역별 노동조합 연합체와 함께 점차 산업별 노동조합 연합체도 확산되어 갔다. 그리고 1930년대가 되면 혁명적 노동운동으로 전환했다.

이 시기 경남에도 90여 개의 노동단체가 활동했다. 1920

년대 전반기 29개, 1920년대 후반기 56개, 1930년대 전반기 11개 등의 노동단체가 활동했다. 이 가운데 1925년에서 1928년 사이에 가장 많은 노동단체들이 결성되어 노동쟁의 등 노동운동을 전개했다. 지역별 노동조합의 현황을 살펴보면, 부산 16개, 마산 14개, 진주 11개 등으로 경남의 대도시에 집중되어 있었다. 이어 통영 7개, 울산 6개 등 대체적으로 도시 지역에 집중되어 있음을 알 수 있다. 경남의 노동조합 가운데 대체로 잡역인부나 일고(日雇) 노동자들이 중심이 된 토목건축업 계통이 가장 많았다. 이어서 운수통신, 인쇄출판, 상업서비스, 피복신발업 계통의 노동조합이 뒤를 이었다. 이들 노동조직들은 노동자 권익 보호는 물론이고 노동쟁의나 파업에 직간접으로 관여했다. 대표적인 노동운동으로는 1921년 부산부두총파업, 1926년 통영 와타나베인쇄소 직공파업, 1927년 마산부두 하역노동자 임금인상 파업, 1929년 조선직공조합 파업, 1930년 양화직공파업, 1930년 조선방직주식회사 총파업 등이었다.

| 진해 동양제사공장 여직공 300명 파업
[매일신보] 1933년 1월 10일

3·1운동은 궁극적으로는 민족의 독립으로 수렴되는 민족 해방운동이기는 했지만 근본적으로 모든 억압으로부터의 해방과 독립이라는 의미가 내포되어 있었다. 자기 스스로 서는 것, 자기의 미래는 자기가 결정하는 것이 진정한 의미의 해방이요 독립이기 때문이었다. 따라서 3·1운동은 항일 독립운동으로 통일되었지만 그 개개의 모습에서는 신분 해방, 계급 해방, 종교 해방, 성 해방 등 다양한 요소들이 통합되어 있었기 때문에 이후 다양한 민족, 사회, 대중운동의 호수가 될 수 있었다. 이와 같은 과정에 탄생한 것이 진주의 형평운동이었다.

3·1운동 이후 진주의 사회 활동가와 백정 유지들이 1923년 봄부터 백정의 신분 해방을 위한 조직 결성을 준비했다. 1923년 4월 24일 조직 발기를 위한 기성회를 거쳐, 25일 진주청년회관에서 형평사(衡平社)가 결성되었다. 형평사는 '저울(衡)처럼 평등한(平) 사회를 지향하는 단체(社)'라는 의미로 조직의 명칭에서 이미 그 설립 목적은 잘 드러난다고 할 수 있다. 발기회에서 장지필·이학찬·강상호·신현수 외 양반 출신의 천석구(千錫九)가 위원으로 선출되었다. 이들은 형평사의 '주지(主旨)'를 채택하고 규칙을 통과시켰으며 유지 방침과, 교육기관 설치, 발회식 거행, 회관 설치, 취지와 발회식의 선전 방안 등을 논의했다. 형평사의 주지는 다음과 같다.

"공평은 사회의 근본이요, 애정은 인류의 본량(本良)이라. 그
러므로 우리는 계급을 타파하여 모욕적 칭호를 폐지하며, 교육
을 장려하여 우리도 참사람이 되기를 기약함이 본사의 주지이
라."

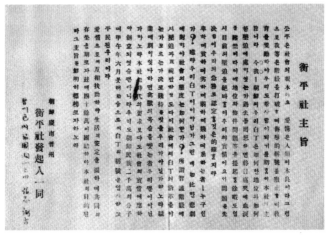

| 1923년 형평사의 발기 총회 때 배포된 주지로 목표와 취지가 보임(no144)
(2010년 진주박물관도록)

명칭과 주지는 명확했다. 평등 사회와 인간 해방이 형평
운동의 목표였다. 형평사는 결성 때부터 전국적인 조직을
지향했다. '사칙'에 의하면 형평사 본사를 진주에 두고, 각
도에 지사, 각 군에 분사를 설치하고 각 지사와 분사는 본사
의 사칙에 따라 규칙을 가지며 각 지역 상황을 본사에 보고
토록 했다. 본사는 매달 정기총회를 개최하고, 위원회의 필
요에 의해 임시총회를 소집하며 각 지사와 분사는 회원 100

명 당 1명씩 대표를 선정해 총회에 참석토록 했다. 이는 진주가 본사소재지에 그치지 않고 형평운동의 중심지가 되고자 했음을 알 수 있다.

그래서 형평사의 결성을 알리는 창립 축하식을 지역행사가 아닌 전국행사로 진행했다. 5월 13일 극장 진주좌에서 형평사 창립축하식이 개최되었다. 이 행사는 멸시와 천대 속에 살아온 백정들의 해방을 선언하는 행사가 진주 최대의 공공장소에서 벌어졌다는 상징적 의미와 함께 형평사가 전국적 규모의 사회운동단체가 되겠다는 역사적 포부도 내비치는 행사였다. 창립축하식을 위해 형평사 본사에서는 사전에 취지문을 인쇄하여 전국에 배포하고, 취지를 알리는 선전대를 경남지역으로 파견했다. 또한 창립축하식 당일 오전 10시 무렵부터 대대적인 시가지 홍보에 돌입했다. 특별히 자동차 3대를 준비해 진주 시내 곳곳을 돌면서 행사를 알리는 선전지를 배포했다.

백정 역사상 전대미문의 이 창립 축하식은 진주에서 가장 큰 건물인 진주좌에서 개최되어 수많은 사람들이 운집했다. 전국 조직을 표방한 것에 부합하게 참석자 가운데 멀리 충남 논산·대전·충북 옥천·경북 대구 등지에서 오기도 했다. 물론 대부분의 참석자는 경남지역 인사들이었다. 축하 의연금을 낸 명단을 통해 보면 밀양·김해·부산·거창·마산·진주·통영·사천·고성·창녕·영산·의령·함안·합천·진해·웅천·창원·덕산·단성·초계·남해·하동·생초·반성·함양 등 경남 전 지역을 아우르고 있었음을 알 수 있다.

오후 1시 무렵 강상호의 개회사로 축하식이 시작되었다. 각 지역에서 온 대표자들이 점명하고, 위원 신현수가 형평사의 취지를 설명하였다. 위원 정희찬의 축전 낭독이 있었다. 축전을 보낸 곳으로는 북성회·평문사·점진사·적기사 등 사회주의 계열의 단체도 있었고 일본으로부터 온 것도 있었다. 다음으로 강달영·강대창·조우제·이진우·진주 주재 일본신문기자 가쓰다 이스케[勝田伊助] 등 진주의 사회운동가로 이루어진 내빈들의 축사가 있었다. 뒤를 이어 '민족의 계급관'이라는 주제로 사회운동가인 남홍(南洪)의 강연이 있었다. 그리고 다과회를 가진 뒤 오후 5시 경 형평사 만세삼창으로 폐회하였다. 폐회 후에도 여흥을 즐기다 오후 6시 30분 경 해산하였다.

형평사 창립 축하식은 단순한 행사로 그치지 않았다. 행사에 참여한 각 지역 대표들이 다음날인 14일 진주청년회관에 모여 향후 형평운동의 방향과 정책에 관한 지방대표자회의를 가졌다. 이 회의에서 본사·지사·분사로 이어지는 조직 체계는 그대로 유지하고 경북·충남·충북에 지사를 두고 지사장을 선임해 형평운동의 전국화를 도모했다. 그리고 본사 조직에는 서무부·재무부·외교부·교육부·정행부를 두어 업무를 분장하고 상임위원을 두어 본사 업무의 효율성과 책임성을 도모하기로 했다.

지방대표자회의의 결과에 따라 형평사 조직의 확대가 곧이어 추진되었다. 형평사 진부 본사에서는 5월과 6월 2대의 순회단을 충청남북도와 전라남북도 등 삼남지역에 파견하여 지사 및 분사 설립을 이끌기로 했다. 제1대인 신현수와 장지필은 본사를 출발하여 대전에서 형평사 남선대회를 열고 이어 대전 분사 설치를 도왔다. 나아가 전남 정읍 분사·광주 지사·목포 분사·전북 김제 서광회·군산 분사·전북 익산 이리 동인회 등의 발기회와 창립 기념식에 참석했다. 전북 익산 이리에서 신현수는 진주로 떠났고, 장지필은 홀로 전주 지사 창립식에 참석한 뒤 공주로 와서 제2대 순회단인 강상호, 이학찬과 합류했다. 세 사람은 다시 충남 공주 지사 창립총회를 거쳐 청주·조치원·천안의 분사 발회식에 참석했다. 일행은 다시 대구 지사 발회 축하식에 참석하고 밀양을 거쳐 진주로 돌아오거나, 혹은 삼랑진을 통해 부산으로 갔다가 진주로 돌아왔다. 이상과 같이 창립 축하식이 있은 후 한 달 동안 형평사 지도부의 삼남지방 순회는 형평운동의 전국적 확산에 기여한바 컸다. 그 결과 창립 1년 만에 전국에는 68개 지사와 분사가 조직될 정도로 사회 각층으로부터 많은 참여를 얻어냈다.

이처럼 형평운동은 전국 각 지역민과 백정들의 참여로 빠르게 확산되었고 사회운동의 확고한 위상도 갖게 되었다. 그런데 형평사가 이렇게 전국적인 지지와 성원을 받게 되자, 이를 반대하는 소위 '반형평운동'이 전개되었다. 이와 같은 움직임은 아이러니하게도 백정과 같은 처지였던 천민 계층으로부터였다. 5월 13일 창립 축하식 여흥에 참가하기로 예정되었던 진주기생조합이 백정들의 잔치에 갈 수 없다며 불참한 것이었다.

나아가 진주 주민들도 형평운동에 집단적으로 반대하기 시작했다. 5월 24일, 진주 지역의 24개 동리에서 온 농청(農廳) 대표자들이 중안동사무소에 모여 소고기 불매운동을 결의했다. 그날 밤 수백 명이 모여 '형평사 공격', '새 백정 강상호, 신현수, 천석구' 같은 내용의 깃발들을 들고 다니며 진주의 중심가인 대안동, 평안동에서 시위를 전

| (백봉산에서 8,000명의 백정이 모여) 방해하는 사람에게는 결사적 태도를 결의했던 형평사원 [조선시보] 1923년 6월 17일

개했다. 그들은 신현수와 천석구의 상점들을 공격하고, 강상호의 집에 돌을 던지기도 했다. 또한 5월 26일에도 농청 대표자 70여 명이 의곡사에 모여 다음과 같이 결의하였다.

①형평사에 관계하는 자는 백정과 동일한 대우를 할 것
②쇠고기를 절대 사먹지 않을 것을 동맹할 것
③진주청년회에 형평사와 관계 맺지 못하게 할 것
④노동단체에 형평사와 관계 맺지 못하게 할 것
⑤형평사를 배척할 것

반형평운동은 형평사만을 공격하지 않았다. 형평운동을 후원하거나 지지하는 인사들과 단체들에 대한 공격도 서슴치 않았다. 특히 진주청년회와 진주노동공제회는 반형평운동의 대상이 되었다. 이러한 공격에 대해 형평사도 결사대를 조직하여 적극 대처했다. 한편 이와 같은 형평사를 반대하는 활동과 공격이 언론을 통해 전국에 알려지면서 사회운동 단체들이 문제 해결에 적극 나섰다. 결국 진주노동공제회 등 진주지역의 사회운동단체들이 농민들과 형평사 결사대 양측을 중재하여 농민들에게는 형평사 반대 활동을 중단하고 소고기 불배운동을 취소할 것을 요구하는 한편, 형평사 측에는 결사대의 해체를 요구해 해결될 수 있었다.

한편, 창립 때부터 진주를 벗어나 전국으로 확대된 형평운동은 창립 1년도 안 된 시점부터 내부적인 갈등이 노출되었다. 즉, 형평사 본사를 계속 진주에 두자는 '진주파'와 서울로 이전하자는 '서울파'로 나뉘어 서로 대립했다. 전자는 강상호가, 후자는 장지필이 각각 주도했다. 이와 같은 대립은 형평사의 활동을 진주를 중심으로 경상도에 한정하는 진주파와 중부지역을 중심으로 활동하는 서울파로 나뉘게 하면서 이에 대한 통합 운동도 전개하게 했다. 결국 형평사 통일 대회를 통해 진주파와 서울파의 대립은 종식되었다. 하지만 본사를 서울로 옮긴 이후에도 계급투쟁에 중점을 두고 타 사회단체와의 연대를 중시하는 급진파까지 등장해 이에 대한 일제의 탄압으로 형평사는 쇠퇴의 길을 걸었다. 뒤이어 1935년 형평사는 대동사(大同社)로 개칭했지만 초창기의 평등 사회, 인간 해방이라는 목표도 퇴색하고 단지 백정의 경제적 이익단체로 변모함과 동시에 일제에 영합하는 단체로 전락하고 말았다.

| 인권해방을 목표로 한 대동사 임시총회 [조선중앙일보] 1936년 1월 17일

1926년 6·10만세운동을 통한 민족통일전선의 가능성과 민흥회의 발기, 그리고 아세아민족대회 반대투쟁 등은 그간의 민족·사회운동을 흐름했지만 전환시켰다. 곧바로 제기된 이른바 '정우회선언'으로 1927년 2월 좌우합작의 신간회가 창립되었다. 신간회는 비타협적 민족주의자들과 사회주의자들의 민족협동전선으로 출범한 이후 전국에 걸쳐 부군 단위의 지회 설립운동이 전개되었다. 1927년 말 전국에 신간회 지회는 100여 개가 조직되었는데, 경남지역에도 1927년 6월 19일 사천지회의 설립을 비롯해 20개의 지회가 설립되었다. 창녕, 남해, 산청을 제외하고 모든 부군에 지회가 설치되었으며 가장 늦은 1930년 4월 26일 설립된 울산지회 언양분회를 포함하면 신간회 조직은 모두 21개였다. 이는 경북과 함께 가장 많은 지회의 개설이었다. 시기적으로는 1927년 6월부터 1930년 4월까지 설립되고 있으며, 1927년 10월에는 8개의 지회가 집중적으로 설립되었다. 1928년 4월까지 경남지역 대부분의 지회 설립은 마무리된다. 경남지역 신간회 지회의 구체적인 설립 상황은 아래와 같다.

설립년월일			지회명	설립년월일			지회명	설립년월일			지회명
1927	6	19	사천	1927	10	16	함안	1928	3	19	양산
	7	20	마산		10	20	창원		3	21	김해
	7	30	부산		10	20	하동		3	25	통영
	8	2	거제		10	21	합천		4	21	동래
	8	22	거창		10	23	함양	1929	3	15	기장
	10	17	고성		12	19	밀양	1929	12	1	의령
	10	19	진주	1928	3	17	울산	1930	4	26	언양

| (통영신간회) 회의 중에 금지명령 [중외일보] 1930년 8월 27일

　경남지역 신간회 지회는 1927년 6월 19일에 사천지회가
처음으로 설립되었고, 이후 7월에는 마산과 부산, 8월에는
거제, 10월에는 거창과 고성·진주·창원·하동·함안·함양·
합천에서, 12월에는 밀양에서 지회가 설립되었다. 1928년
3월에는 김해와 울산·통영에서, 4월에는 동래에서 지회가
설립되었고, 1929년에는 3월에 기장에서, 12월에는 의령에
서 설립되었다. 거제와 울산·통영·김해·양산지회 등은 조
선총독부의 지시를 받은 경남도 경찰부로부터 설립대회를
금지당하다 몇 차례의 시도 끝에 지회를 설립하였다.

　이들 지회 가운데 1구역, 즉 1개의 부군에 2개의 지회가
설립된 곳은 동래군의 동래와 기장, 통영군의 통영과 거제
이다. 또한 울산군은 울산지회가 1928년 3월 17일 설립되
었음에도 1930년 4월 26일 언양분회까지 설립되었다. 이들

지역은 전통적으로 구분되던 지역이며 독자적인 세력들이 존재하고 있었기 때문에 각각 지회와 분회가 설치된 것으로 볼 수 있다. 이 외에 사천의 삼천포에도 지회 설립준비위원회가 구성되었으나 설립 여부는 정확하게 알 수 없다. 창녕군의 경우도 신간회 본부 제54회 총무간사회에서 지회 신청이 승인되었으나 설립 여부는 확인할 수 없다. 결국 산청과 남해만 지회 설립도 설립 움직임도 없었다고 할 수 있다.

신간회 지회의 설립과정은 먼저 지회 설립에 의지가 있는 인사들의 모임으로부터 시작해 설립준비위원회를 결성하고 다시 창립대회를 거쳐 이루어졌다. 따라서 지역별로 여러 단체들의 지지나 후원과 단체들의 연합에 의해 구성되는 경우가 많았다. 특히 지역의 청년단체가 가장 중요한 조직적 기초였다. 왜냐하면 당시 청년단체들은 혁신총회 또는 개혁총회 등을 통해 지역마다 신간회 지회 설립을 촉구하고 나섰기 때문이었다.

대표적으로 합천청년회는 정기총회에서 신간회에 가입할 것을 결의하고 집행위원 7명을 선출했다. 마산의 각 사회단체 대표들은 1927년 2월 신년간담회에서 신간회 지회 설립을 결의했다. 거제의 사상단체 화화회(火花會)와 거제신흥청년회도 신간회 시시를 표명하고 지회 설립을 준비했다. 고성청년회는 "신간회를 본떠 좌익민족주의 단체를 조직하기로" 결의했고, 진주의 12개 단체는 사회단체협의회를 결성하고 신간지회 설립의 바탕을 마련했다.

그렇다고 신간회 지회 설립의 주도세력이 단일한 것은 아니었다. 3·1운동 이후 이미 지역 차원에서 진행되고 있던 청년·사상·노동·농민운동 과정에 성장한 인사들이 각각의 위치에서 다양한 방법과 상호 연대를 통해 지회를 설립하고 다시 재편하고 있어 지역마다 유사한 모습도 보이지만 독특한 지역적 특성을 드러내는 경우도 있었다. 우선, 기장에서는 기존의 지역 유치들이 설립을 위해 노력했으나 결성하지 못했다. 이에 정진청년회를 중심으로 한 청년 운동가들의 주도로 기장·일광·좌천 등지의 인사들까지 포함함으로써 설립될 수 있었다. 동래에서는 동래청년회를 중심으로 한 동래청년동맹이 결성된 이후 지역 사회운동가들이 중심이 되어 설립되었다. 설립 당시에는 지역의 종교계 인사나 민족주의 계열의 인사들이 중심이었지만, 1929년 이후 사회주의 계열 인사들의 진출이 활발해졌다. 이는 전국적으로 유사한 현상이었는데, 부산·마산·양산 등의 지회에서 특히 그랬다.

양산지회는 설립 초기 3·1운동에 참여하거나 상해의 임시정부에 재정적으로 지원하던 민족주의 계열의 인사들에 의해 주도되었다. 1929년 중반 이후부터는 사회주의 계열의 양산청년동맹이 중심적인 역할을 맡기 시작했다. 부산과 마산 등지는 항만과 산업화에 따른 노동운동의 발전이 지회 설립에도 영향을 미쳤다. 부산지회는 부산청년회와 사회주의 계열 운동가가 주축이 되어 설립되었다. 특히 부산노동회·부산철공조합·부산인쇄직공조합 등의 활동과 관련된 인사들도 다수 포함되었다. 따라서 부산지회는 설립 이후 노우회(勞友會)에 가입하는 한편, 부산지역 노동운동을 조직적으로 지원했다.

마산지회도 설립 초기에는 3·1운동 주도자와 노동야학 교사 등 비타협 민족주의자들이 주축이었다. 그러나 후기로 갈수록 사회주의자나 노동운동 관련 인사들이 중심적인 역할을 맡기 시작했다. 울산지회는 설립 당시 3·1운동 참가자와 사상단체 인사들이 중심이었으나 2기 집행부부터 읍외 지역인 병영·동면·언양 등지의 울산군청년회 계열 인사들이 중심이 되었다. 일제강점기 울산지역 민족해방운동을 주도했던 언양·병영·동면의 지역 운동가들이 울산지회도 주도적으로 운영했던 것이다. 그렇기에 분회 설치도 경남에서 유일하게 언양에 이루어낼 수 있었다.

한편, 사상단체가 중심이 되어 지회가 설립된 곳도 있었다. 사상단체 화화회의 해체와 함께 설립된 거제지회와 역시 사상단체 혁진회(革進會)의 해체와 함께 설립된 고성지회가 대표적인 예였다. 밀양지회는 초기 의열단 관련자들과 청년회 활동가들이 중심이 되었으나, 중심 인물인 황상규가 본부 중앙위원으로 선출되어 중앙으로 활동영역을 옮긴 이후 지역 유지 중심의 초

밀양 신간회 지부 총무 간사회 [중외일보] 1928년 8월 18일

기 청년회 인사들이나 지역 엘리트 중심의 밀양동인회원들이 참여하면서 지회의 분위기가 온건한 방식을 바뀌었다.

주도세력과 함께 신간회 지회의 회원은 약 30명 이상 모집되면 본부의 승인을 받아 설립대회를 개최할 수 있었다. 경남지역 신간회 지회의 설립 당시 회원 수는 울산이 300여 명으로 가장 많았고, 밀양이 130여 명이었으며, 나머지는 100명 이하가 대부분으로 지역의 청년단체나 각종 조합에 비해 상대적으로 소수였다. 하지만 경남 각 지회의 창립 회원수만도 1,038명이었고 1929년에는 최소 1,650명을 넘어설 정도로 신장했다. 신간회 지회의 활동은 부산·마산·울산·밀양·김해지회 등 대체로 회원 수가 많은 지역에서 1930년대 초까지 지속적인 활동을 전개한 것으로 보이나 1928년 중반 이후 크게 위축되었다. 거제·거창·합천·사천지회 등은 특별한 활동이 확인되지 않는데, 간사회나 정기대회 등을 간혹 개최하는 정도에 그쳤다.

설립된 신간회 지회는 본부에서 제정한 강령에 따라 지회별 강령을 제정하고 구체적인 운동방침 아래 민족운동을 전개했다. 마산지회는 '우리는 민족적 정치적 경제적 해방을 기함', '우리는 일체 타협주의를 배격함'이라는 행동강령에 의해 구체적인 정책안을 기초로 활동을 전개했다. 밀양지회는 7개의 투쟁 목표 아래 본격적인 활동을 전개했다. 부산지회는 신간회 조직노선과 투쟁노선을 논의하고 활발한 활동을 전개했다. 고성지회는 매주 1회 모임을 통해 조직 문제 등을 연구하며 구체적인 운동방침을 마련하고자 했다.

이러한 각 지회의 운동방침은 대체로 본부의 운동방침보다 더 구체적이고 투쟁적이었음을 알 수 있다. 이는 애초부터 지역 단위의 구체적인 운동 과정에서 지회가 설립되었기 때문이라고 할 수 있다.

경남의 각 지회는 각각의 운동방침 아래 지회 운영을 위해 회원 모집, 회비 마련, 회기 제작, 표어 작성, 회관 건설, 분회 및 반조직 등 일상적인 활동을 전개했다. 나아가 연설회, 야학운영 등 계몽운동을 필두로 봉건제도 철폐 등 사회문제, 언론·출판·집회·결사의 자유, 억압 법률의 철폐, 단결권·파업권 보장 등 정치문제, 그리고 생활·생존권 수호운동, 소작료 인하, 8시간 노동제 등 경제문제와 관련된 각종 활동을 전개했다. 이러한 활동은 정기 또는 비정기 간사회나 집회위원회, 정기대회 등을 통해 논의하고 결정한 후 실행에 들어갔다.

한편, 신간회 각 지회는 개별 지회운영과 정치·사회·경제문제에 대한 활동을 지속하면서 개별적으로는 분회나 반조직을 만들기 위해 노력하고 또 다른 지회와의 연합을 시도하거나 도연합회를 조직하여 민족운동을 효율적으로 전개하기 위해 노력했다. 특히 경남의 지회 중 김해·밀양·고성·마산 등의 지회가 연합을 추진했다. 그 가운데 김해지회의 주도로 '경남신간운동자간담회'가 추진되었다. 김해지회는 일제가 신간회 전체대회를 금지하자 정기대회에서 '이제는 지방적 회합을 통해 운동방침을 정하고 연락을 취하는 것이 긴급한 과제'라 판단하고 경남신간운동자간담회를 발기해 개최하기로 결정했다. 이에 부산·동래·양산·울산·밀양·하동·진주·고성의 각 지회가 적극적으로 찬성했다. 1929년 4월 마산에서의 발기대회가 경찰에 의해 금지당했다. 김해지회는 재차 경상남도신간지회연합회 설립을 발기하고 마산에서 발기대회를 개최하고자 했다. 역시 마산경찰서에 의해 금지되자, 김해지회는 김해에서 발기대회를 개최하려 했으나 실패하고 말았다. 결국 경상남도신간지회연합회는 공식화되지 못한 채 신간회는 중대한 문제에 직면했다. 이른바 신간회 해소운동이 그것이었다.

광주학생운동과 민중대회사건 이후 신간회 중앙 지도부는 '온건화 노선'으로 기울었고, 1929년 이후 폭발적으로 증가하는 노농운동은 계급운동의 강화로 나아갔기 때문에 민족해방운동에서 신간회의 역할은 제한적일 수밖에 없었다. 1930년 12월, 부산지회 제5회 정기대회는 신간회 해소를 최초로 주장하면서 전국적 파란을 일으켰다. 집행위원장 후보로 선정된 김봉한은 "현재의 신간회는 소부르주아적 정치집단으로서 하등의 적극적 투쟁이 없을 뿐만 아니라 전 민족적 총 역량을

| 경남 신간 연합회 발기대회 금지 [중외일보] 1929년 9월 18일

집중한 민족적 단일당이란 미명 밑에서 도리어 노농 대중의 투쟁 욕구를 말살시키는 폐해를 끼치고 있다"고 주장했다. 이 부산지회 정기대회를 계기로 해소론은 각 지회로 퍼져 나

| 절대 다수로 (신간회) 해소를 가결 [매일신보] 1931년 5월 18일

갔다. 부산지회는 다시 1931년 3월에 열린 임시대회에서 해소를 결정하고 신간회 전체대회에 건의했다. 그런데 경남지역에서 해소를 찬성한 지회는 부산지회와 통영지회뿐이었다. 밀양과 마산지회는 해소 반대를, 함안지회는 즉시 해소 반대와 해소 운동을, 양산지회는 해소 시기 상조를, 고성과 창녕지회는 해소 보류를 표명하는 등 일률적이지 않았다. 하지만 결국 1931년 5월 신간회 본부는 해소대회를 열고 해소를 결정했다. 신간회의 해소는 현단계 정세에 따른 새로운 운동으로의 방향전환을 의미하는 것이었지만 국내외의 운동 여건상 결국 해체로 갈 수밖에 없었다.

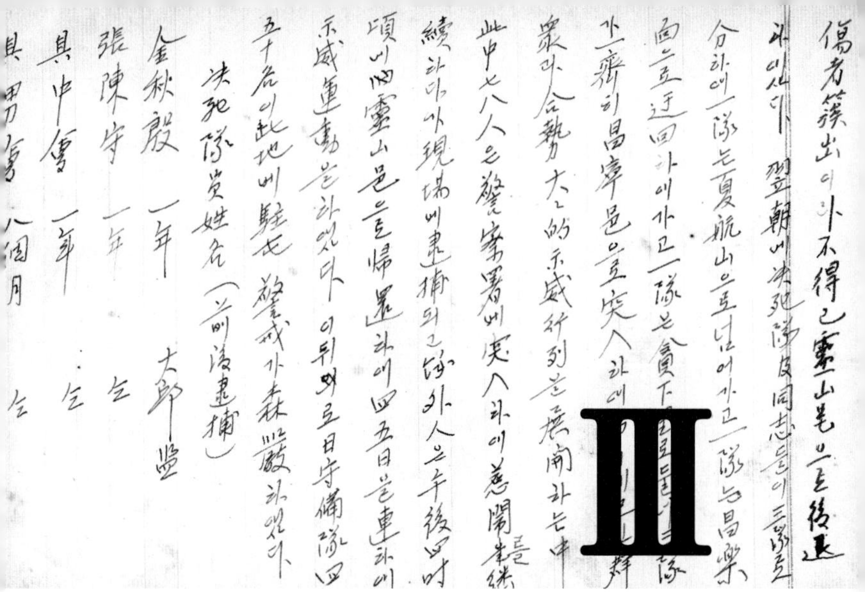

경남독립운동소사 초고 제2편 중에 영산 23인 결사대 명단 중 일부

경남지역 독립운동 조직과 활동 _ 안순형

1. 민족운동
2. 경제운동
3. 사상운동
4. 여성운동
5. 학생운동
6. 문화운동
7. 기타

Ⅲ. 경남지역 독립운동 조직과 활동

1. 민족운동

1) 의열단

'의열(義烈)' 투쟁이란 '정의로운[義] 일을 맹렬히[烈] 실행한다'는 의미로 1920~30년대 국내외에서 시행된 급진적 민족주의 노선의 항일투쟁이다. 이것은 일제로부터 조선의 독립을 쟁취하기 위하여 기존의 온건한 독립운동보다는 더욱 조직적이고 강력한 무력투쟁이 필요하다는 요구에서 시작되었다. 대표적인 단체로 1919년 11월 만주 길림성에서 신흥무관학교 출신들이 중심이 되어 조직된 '의열단'이 있다. 김대지·황상규가 고문이 되고, 김원봉이 단장을 맡았으며, 윤세주·이성우·곽재기·강세우·이종암·한봉근·한봉인·김상윤·신철휴·배동선·서상락·권준 등 13명이 동참하였다. 창단 직후에 '공약 10조'를, 이후 '5파괴'와 '7가살'이란 행동목표를 채택하였고, 신채호가 1923년에 「조선혁명선언」을 작성함으로써 투쟁노선과 행동강령을 더욱 체계화시켰다.

의열단은 1920년 3월 '밀양·진영 폭탄반입사건'부터 1922년 3월 '상해 황포탄 의거', 1924년 1월 '동경 니주바시[二重橋] 폭탄 투척 의거', 1926년 '동양척식회사 및 식산은행폭탄 투척의거'까지 한국·중국·일본 등지에서 활약하였다. 이들의 활동은 조선 총독을 비롯한 고관·군부 수뇌·친일파 거두와 식민지의 통치기관에 커다란 타격을 주었다. 1920년 12월 27일에 최수봉(崔壽鳳, 敬鶴)에 의해 거행된 밀양경찰서 폭파사건도 의열단의 국내 거사 중의 하나였다. 그는 밀양군 상남면 마산리 출신으로 사립동화학교에 편입학하여 전홍표(全鴻杓)·김대지 등의 지도를 받았고, 의열단에 가입하기 전부터 김원봉과도 교분이 있었다. 1920년 초에 밀양 출신의 고인덕 등은 거사를 실행하기 위하여 김원봉의 지시로 상해에서 폭약과 폭탄제조기 등을 가지고 고향으로 잠입하였다. 하지만 경기도 경찰서에서 시작된 추적으로 밀양·진영에서 폭탄이 적발 압수되고, 관련자 6명(곽재기·윤소룡·이성우·황상규·이락준·김기득)은 체포되면서 '제1차 암살파괴계획'은 실패로 끝났다. 의열단에서는 다시 박재혁을 파견하여 1920년 9월 14일에 부산경찰서를 폭파함으로써 밀양경찰서에서는 많은 동지들을 체포하였다.

김상윤(金相潤)은 신흥무관학교를 나와 의열단원으로 활동했는데, 경찰의 눈을 피해 잠행 중에 고향 친구 최수봉을 만나서 의열단 가입과 투쟁의 동참을 권유하였다. 그들은 대구의 이종암(李鐘岩)과 만나 밀양경찰서의 폭파를 12월 27일에 거행하기로 모의하였다. 거사 당일 아침에 밀양경찰서장 도변(渡邊末次郎)이 사무실에서 19명의 부하들에게 훈시할 때 최수봉은 창 밖에서 폭탄 2개를 투척하였다. 경찰서 남쪽 유리창으로 던진 제1탄은 불발되었고, 제2탄은 정면 현관에서 던졌지만 복도에서 폭발하여 인명 피해는 없었다. 최수봉은 경찰서 서문으로 도주하다가 경찰의 추적을 받자 스스로 목을 찔러 자살을 시도했으나 실패하였다. 이에 대구지방법원에서 무기징역을, 대구 복심법원에서 사형을 선고받아 1921년 7월 8일에 27세로 교수형에 처해졌다.

전홍표의 제안으로 밀양청년회에서는 장례를 위해 부의를 거두고, 일부 인사들은 대구까지 가서 시신을 인수하여 밀양으로 돌아왔다. 하지만 밀양경찰서에서 엄중한 경계와 방해로 최수봉의 시신은 쓸쓸히 고향으로 보내져 공동묘지에 안장되었고, 장례식에 관여했던 10여 명은 '범죄인 사체 취체규칙 위반' 혐의로 부산지법 검사국으로 송치되면서 사건은 마무리 되었다.

| (주요 대관을 암살하고 관공서를 파괴하고자 한) 폭탄 범인 체포 전말
[매일신보] 1920년 7월 30일

| 탐정 – 밀양폭탄의 거처(총독부와 기타 기관을 폭파하고자 13개의 폭탄을 기장섬에 넣어 가지고 상해에서 진영역까지 보낸 비밀결사 의열단 검거) [매일신보] 1920년 10월 15일

| 최수봉이 밀양경찰서에 폭탄을 투하 하고 자살을 시도 [매일신보] 1920년 12월 30일

| 밀양 폭탄사건 곽재기 등의 공판에 방청객 200여 명으로 만원 [매일신보] 1921년 6월 8일

밀양 폭탄사건 곽재기 등 결판
[매일신보] 1921년 6월 22일

의령의 구여순을 포함한 의열단 사건
판결 수괴는 징역 4년
[경성일보] 1924년 2월 29일

2) 신간회

1926년 6.10만세운동과 아세아민족대회 반대투쟁 등으로 민족·사회운동은 서서히 흐름이 변화되었다. 1926년 11월 '정우회 선언'을 계기로 1927년 2월 민족주의 진영과 사회주의 진영이 연합한 신간회가 창립되었다. 이상재(李商在)·안재홍(安在鴻)·신석우(申錫雨) 등 34명이 발기인으로 참석하였고, 25개조의 규약을 마련하였다. 신간회에는 '정치적·경제적 각성', '공고한 단결', '일체 기회주의를 부인'하는 강령을 두고, 총무·재무·출판·정치문화·조사연구·조직·선전의 7

개 부서를 두어 활동하였다.

신간회는 전국 최대 규모의 합법단체로 부·군(府郡)에 150여 개의 지회를 설립하고, 3만여 명의 회원을 확보하였다. 경남지역에서도 1927년 6월 사천지역을 시작으로 총 12곳(마산·거제·거창·고성·진주·함안·창원·하동·합천·함양·밀양), 1928년 3곳(양산·김해·통영), 1929년 12월 의령까지 총 16개(창녕·남해·산청 제외) 지회가 설립되었다. 특히 거제·통영·김해·양산의 지회는 경상남도 경찰부로부터 여러 차례의 설립대회가 금지되었음에도 불구하고 지속적 노력으로 결국 지회를 설립하였다. 지회 설립대회는 각 지역에서 약 30명의 회원이 모집되면 본부의 승인을 얻어 개최할 수 있었다. 경남 각지의 창립 회원수는 1,038명이었고, 1929년에는 적어도 1,650명에 달하였다.

〈표 1〉 경남지역 신간회지회 설립 시기와 지회장

지회명	창립시기	창립회원수/1929. 1월	지회장(*준비위원)	지회명	창립시기	창립회원수/1929. 1월	지회장
밀양	1927. 12. 19.	70 / 150	황상규	사천	1927. 6. 19.	– / –	하용수
마산	1927. 7. 20.	–	김용환	하동	1927. 10. 20.	– / –	김진두*
창원	1927. 10. 20.	32 / 60	주병화	거창	1927. 10. 22.	48 / –	윤병수
거제	1927. 8. 2.	–	이정	함양	1927. 10. 23.	30 / 45	양지환
합천	1927. 10. 21	45 / 45	전상규*	양산	1928. 3. 19.	– / –	김철수
함안	1927. 10. 16.	–	조한휘*	김해	1928. 3. 21.	147 / 146	배종철
고성	1927. 10. 17.	30 / 63	전두상	통영	1928. 3. 25.	118 / 118	이잔근
진주	1927. 10. 19.	95 / 130	박재표	의령	1929. 12. 1.	– / –	하청

각 지역 지회는 먼저 설립준비위원회가 결성되고 창립대회를 거쳐 설립되었다. 청년·사상·노동·농민운동 과정에

성장했던 다양한 인사들이 설립 과정을 주도했다. 그 중에 청년 단체들의 역할이 두드러졌다. 이외에도 양산지회처럼 사회주의 계열 인사들의 활동이 두드러진 경우와 마산지회처럼 노동단체의 영향을 받는 경우도 있다. 화화회의 해체와 혁진회(革進會)의 해체를 통한 거제지회와 고성지회 결성 등도 주목된다.

각 지회에서는 야학운영 등을 통한 봉건제도의 철폐, 언론·출판·집회·결사의 자유 및 억압적 법률의 철폐, 단결권·파업권 및 생활·생존권 보장, 8시간 노동제 등 당시 각종 현안에 대한 투쟁을 전개하였다. 또한 지회는 개별 지회의 운영뿐만 아니라 다른 지회와의 연합을 통하여 활성화를 시도하였다. 예를 들면 김해·밀양·마산·고성 등의 지회가 연합을 추진하고 발기대회를 개최하려 했다. 하지만 일제는 신간회의 성장을 꺼려하였고, 그 결과 연합대회나 전체대회를 승인하지 않았다.

그런 와중에 1929년 광주학생운동과 민중대회사건으로 신간회 중앙 지도부는 '온건화 노선'으로 기울고, 노동·농민운동은 계급운동으로 전환되면서 신간회의 활동 반경은 더욱 제한적일 수 밖에 없었다. 이에 1930년 12월, 부산지회에서 처음으로 신간회 해소론이 제기되었다. 밀양·마산지회에서 해소 반대 의견이 제시되기는 했지만 1931년 5월에 조선중앙기독교청년회에서 해소대회를 열어 해산을 결의하고, 새로운 민족해방운동의 방안을 모색하게 되었다.

| (금후로 신간 지회 설치를 절대 금지한다고) 압박으로 일관하는 경남경찰부장
[중외일보] 1928년 2월 15일

| 거창 신간지회 정기대회 [중외일보] 1930년 1월 7일

| 신간회 고성지회 선전과 회원 모집
[중외일보] 1928년 1월 19일

| 신간회 김해지회 설립 [중외일보] 1928년 3월 28일

| 신간회 마산지회 창립
[중외일보] 1927년 7월 23일

| 밀양 신간지회 집행위원회
[중외일보] 1930년 3월 18일

| 의령 신간지회 집행위원회
[중외일보] 1930년 5월 15일

| 진주 신간지회 제1회 간사회 [중외일보] 1928년 1월 6일

| 창원 신간지회 간사회 [중외일보] 1928년 3월 28일

| 통영 신간지회 정기대회 소집
　[중외일보] 1930년 4월 24일

| 신간회 하동지회 집행위원회
　[중외일보] 1929년 9월 30일

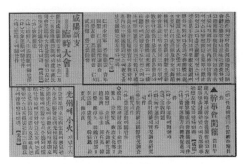

| 함양 신간지회 임시대회 및 간사회 개최 [중외일보] 1928년 2월 18일

| 함양 신간지회 창립기념 금지
[중외일보] 1928년 2월 22일

| 경남각지 신간회 집회해금 언명
[중외일보] 1928년 2월 22일

3) 기타

| 1920년 경남 고성에서 천도교도를 중심으로 조직된 경남 결사대라는 비밀결사대
[매일신보] 1923년 7월 19일

| 馬山 崇武團 반대자를 위협
[매일신보] 1923년 7월 19일

김해의 배덕수 등이 만주에 있는 정동단과
연계하여 군자금 청구했다는 혐의로 신의주
검사국에서 조사를 받다가 면소됨
[중외일보] 1927년 8월 7일

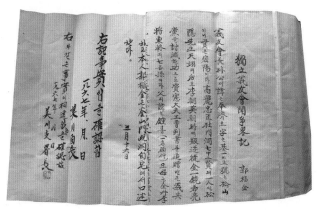

진양의 박봉제가 중심이 되어 조직된 독립의우회의 투쟁 약기를 곽복금이 구술
하고 진양군 미천면장과 지서장이 보증한 보증서의 일부 (청강스님 소장)

1) 농민단체와 활동

(1) 농민단체

3·1운동을 거치면서 대중운동이 점차 확산되자, 1920년 4월에 전국적인 노동운동과 농민운동의 체계화를 위하여 조선노동공제회가 결성되었다. 경남에서도 1922년 2월에 진주노동공제회가 조직되어 인근 지역에 지회와 출장소가 설치되고, 2.2만명의 회원이 동참하여 세력의 급성장을 가져왔다. 그 결과 1922년 9월에는 전국 최초로 '소작노동자대회'를 개최하고, 1924년 1월에는 경남노농운동자간친회가 개최되어 60여개 단체가 참여하는 성황을 이루었다.

1920년대 전반 경남에서는 김해(3)·마산(1)·창원(11)·진해(3)·의령(7)·창녕(2)·합천(4)·진주(1)·사천(1)·하동(8)·거창(1) 등지에서 소작인회·소작상조회·소작조합·농민회 등의 단체가 설립되어 다양한 소작쟁의를 주도하며 농민들의 권익을 보호하고자 하였다. 또한 이들 단체는 각종 순회강연이나 신문·잡지 구독 등으로 농민들의 자각과 계몽에도 노력하였다.

1925년 11월 조선노농총동맹 중앙집행위원회의 결정에 따라 경남지역에서도 노동운동과 농민운동이 분리되었다. 농민단체들은 '농민조합'으로 개칭하고, 자작농까지 받아들여 포괄적인 농민조직으로 전환을 시도하였다. 이들은 군단위로 조합을 설치하고, 면에는 지부를, 동리에는 반을 설치하여 조직의 체계화를 통한 발전을 시도하였다. 1920년 대 후반 경남지역에서는 밀양·김해·마산·진해·고성·함 안·함양·창녕(3)·진주(4)·합천(5)·하동(9)·의령(12)·창원 (19) 등지에서 농민단체들이 합법적으로 활동하였다. 그 중 에 최소한 11개 농민조합이 결성되었는데, 군 단위가 3곳 (진주·고성·함안), 면 단위가 6곳(은산·남면·삼진·상남·웅천·일 반성)이었다. 뿐만 아니라 군 단위 농민연합체도 4곳(김해·의 령·진주·하동)에서 조직되어 지역 내 활동의 연대를 추구하였 다. 농민단체에서는 주로 농민들의 소작권 보호와 소쟁쟁의 에 대한 공동 대응, 동척과 지주들의 비행을 고발, 농가원 료의 공동구입 및 농산물의 공동판매, 수리조합비 불납운동 등에 앞장섰다.

하지만 1930년대 전반이 되면 세계 경제공항의 여파와 일 제의 사회운동에 대한 탄압의 가중으로 농민운동은 토지문 제라는 근본적 문제를 해결하기 위한 활동으로 전개되었다. 경남에서는 양산·김해·창원·통영/거제·창녕·진주·고성· 사천·합안·합천·거창·의령(4) 등지에 농민조합이 설립되거 나 창립이 시도되어졌지만 일제의 탄압으로 유명무실해지 고 해산되었다.

㉮ 농민연합

| 김해 농민연맹 집행위원회 [중외일보] 1927년 8월 6일

| 메이데이 사건으로 김해 농연 5명에 구류 [중외일보] 1930년 5월 7일

| (진주군) 농민연맹의 신진용을 정돈 [중외일보] 1927년 2월 23일

㉯ 농민조합

의령 농민연합회 12개 농민 단체로 조직 [중외일보] 1927년 5월 31일

고성농민조합 상무위원회 [중외일보] 1927년 3월 6일

소작료 납부기와 고성농조의 활약 [중외일보] 1928년 11월 19일

| 김해농민조합 임시대회 성황 [중앙일보] 1932년 4월 22일

| (밀양군 하남면) 은산농조 위원회
[중외일보] 1927년 5월 17일

| (의령군) 낙동 농민조합
사건 [중외일보] 1929년
10월 19일

| 진주 농조 미천지부 설치, 집현 지부 설립 [중외일보] 1927년 2월 23일

| (창원군) 남면 농조 중대 결의 15조항 [중외일보] 1928년 2월 27일

| (창원군) 농민강좌 개시 웅천 농조 사업 [중외일보] 1928년 3월 28일

89

| (낙동강 농민조합 초계지부 간
부였던) 변찬규 등 10개월 구형
[조선중앙일보] 1928년 3월 12일

㉰ 농민회

| (의령읍) 중동농민회 정총
[중외일보] 1930년 4월 25일

| 창녕 농민회 간선부 설치
[중외일보] 1927년 3월 31일

| 16일에 함안 농민 창립 대회 [중외일보] 1927년 7월 17일

| (합천군 초계농민회) 초계 민중대회 참여
[시대일보] 1924년 12월 8일

㉒ 소작지회

| 거제 소작지회 조직 [매일신보] 1922년 7월 5일

| 소작지회 결의 거제도의 신규약 [매일신보] 1923년 2월 23일

| 고성 소작지회 조직
[매일신보] 1922년 7월 4일

| 김해 소작지회 설립 [매일신보] 1922년 9월 30일

| 양산 소작지회 설립 [매일신보] 1922년 8월 12일

| 진해 소작회 정기총회 [시대일보] 1925년 5월 13일

| 함안 소작지회 설립 [매일신보] 1923년 1월 17일

| 진영소작인회는 소작인 자제의 학자금을 지주측에서 부담하라 결의
[시대일보] 1925년 6월 20일

⑭ 수리조합

| 거제 수조 인가
[조선시보] 1931년 12월 9일

| 고성 수리조합 창립 위원회
[조선신문] 1928년 5월 2일

| 김해수리조합 드디어 설립을 결정하다 [부산일보] 1915년 3월 20일

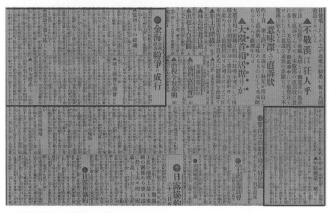

| 김해수리조합 분쟁의 경과 [부산일보] 1916년 7월 12일

| 마산 수리(조합) 설립 인가 [조선시보] 1928년 4월 7일

| 밀양수리조합 평의원회 [부산일보] 1925년 3월 19일

| 사천 군내 5개면에 뻗은 수리조합의 설립 [조선신문] 1927년 4월 3일

| 양산수리조합 기공식 24일 성대하게 거행
[부산일보] 1927년 4월 26일

| (창녕수리조합) 공사장 폭약을 절취하야 밀매

[매일신보] 1935년 9월 22일

| 창원 북면 수리조합

[조선시보] 1921년 5월 28일

| 하동 동부 수리조합 발회식 거행 [부산일보] 1925년 2월 10일

| 함안수리조합 [매일신보] 1931년 10월 29일

| (창원) 대산수리조합 내의 침수 피해자 집합 [부산일보] 1930년 7월 31일

| (함안 수리조합이) 함안 수리공사의 직영을 부르짖으며 [부산일보] 1933년 12월 8일

(2) 소작쟁의

| 경남 각지에서 발발한 소작쟁의 [매일신보] 1923년 3월 27일

| 진해만의 소작소송(보리를 빼앗긴 소작인들 분기하여 법률로 싸워)
[시대일보] 1924년 11월 17일

| 고성 농민 소작권 청년 간선으로 해결 [중외일보] 1927년 2월 26일

| (창원) 촌정농장의 쟁의 더욱 확대
[조선신문] 1929년 9월 30일

| 경남 진영 박간농장에 소장쟁의 발발
[중외일보] 1929년 5월 19일

| 비료 대금 반분 문제로 김해 박간농장 쟁의 발생 [중앙일보] 1931년 12월 28일

99

| 김해 농민들이 가마니 지세로 불평 [중앙일보] 1931년 12월 28일

| 양산의 농민폭도습격사건 [조선시보] 1932년 3월 19일

2) 노동단체와 활동

노동운동은 1920년 전국에서 30여 개로 시작되어 1923년
을 기점으로 빠르게 직업별 노동조합이 조직되고, 노동회·
노우회·노동친목회·노동계·노동조합 등의 다양한 명칭으
로 불려졌다. 1924년 조선노농총동맹의 결성으로 노동운동
이 본격화되자 지역 단위로 단체들을 묶은 노동연맹이나 노
동연합이란 조직도 생겨났다. 이런 분위기 속에서 노동단체

는 비약적 성장을 보여 1930년에는 단체수가 560여 개나 되었다. 경남에서도 마산(14)·진주(11)·통영(7) 등지에서 70여 개 단체가 활동하였다.

진주에서는 노동조합이 진주노동공제회로부터 분화되어져 1923년 3월에 진주양화직공조합(회원 30명), 1924년 6월에 운수종업원 조합이 조직되고, 1925년 10월에는 진주노동연맹회가 조직되어 노동단체의 통일성을 추구하였다. 마산에서는 1923년 3월에 기존 마산노동회를 마산노농동우회로 개편하고, 신마산지회를 두었다. 이곳에서는 노동야학 지원, 정기적 강연회 개최, 타지역 파업 투쟁 지원 등을 하였다. 또한 1926년 5월에는 짧은 기간이기는 했지만 소식지인『첫소리』가 창간되었다. 통영에서는 1920년 통영노동공제회가 조직되었고, 1925년 5월에는 점원·인부·지게꾼 등으로 구성된 회원 700여 명이 활동하였다. 이러한 노동조직에서는 주로 노동자 권익 보호, 노동쟁의나 파업 등에 직·간접적으로 관여했는데, 대표적인 것으로 1926년에 통영 와타나베[渡邊] 인쇄소 직공 파업, 1927년에 마산부두 하역 노동자 임금인상 파업, 1929년 8월에 통영 조선제망주식회사 여공 임금삭감 반대 총파업 등이 있었다.

1929년 세계 대공황 직후에 노동운동에 대한 일제의 탄압이 강화되자, 기존의 직업별 노조에서 산업별 노조로 운동의 방향을 전환하고자 하였다. 마산·창원·밀양 등지에서 이승엽은 조선공산당 재건과 더불어 기존 노동조합을 혁신하고자 하였다. 하지만 1932년 진주서부적색노조 사건,

1933년 경남적색교육노동자협의회사건, 마산적색노동조합 사건 등으로 지도부들이 검거되었다. 그 외에 1934·1936년에 삼천포에서도 삼천포노동운동그룹이 활동했지만 사전에 발각되어 노동조합으로 발전하지는 못하였다.

(1) 노동단체

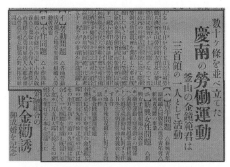

| 경남의 노동운동(진주노동공제회 마산노농동우회 및 부산노동동맹회가 진주에서 경남노동운동간친회 개최) [조선시보] 1924년 1월 26일

| 고성 노동조합 제군에게
[중외일보] 1928년 7월 18일

| 김해 노연 노농 분립 집행위원 의결 [시대일보] 1926년 1월 23일

| 진주 노동공제회 상황
[매일신보] 1923년 1월 16일

| 창원 삼진 노동공제회
[시대일보] 1924년 4월 10일

(2) 노동쟁의

| 경남노동자구제회의 진주 대회에서 옥외 운동 금지
[매일신보] 1923일 2월 23일

| (김해군) 주호노농 임총에서 노동 8시제와 임금문제 결의
[중외일보] 1927년 8월 8일

| 진해사건(강박 차압 해제 구학에 빠져가는 삼천오백 동포)
[시대일보] 1924년 11월 30일

| 진해 동양제사의 스트라이크 주모자는 구속 [부신일보] 1933년 1월 7일

3) 기타

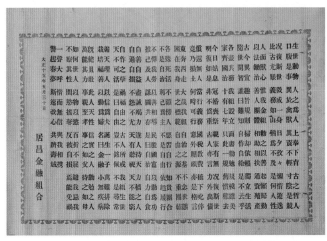

| 1926년 거창 금융조합에서 농촌 수탈정책을 지원하기 위해 발행한 유인물 (거창 박물관 소장)

| 일제강점기 때 발행되었던 화폐 (거창박물관 소장)

조선총독부 체신국에서 발행한 대동아전쟁 특별 거치 저금 증서 (1944, 함안박물관 소장)

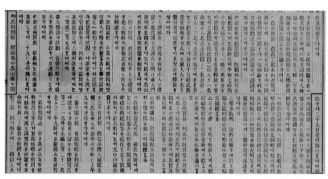

마산항 삭제 [황성신문] 1910년 8월 31일

마산항에서 일본 판신으로 현미 40만여 석을 수출 [조선시보] 1928년 2월 5일

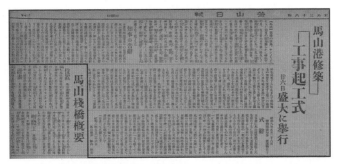

| 마산항 수축 공사 기공식 성대히 거행 [부산일보] 1933년 5월 28일

3. 사상운동

조선공산당은 1925년 4월 17일 서울에서 조직된 사회주의운동 단체로, 1928년 12월 해체 후에 수차례의 재건운동이 있었다. 조선공산당 조직 이전인 1918년 4월에 이동휘 등이 러시아 하바로프스크에서 한인사회당을 결성하였고, 그가 상해 임정 국무총리로 부임하면서 1921년 5월에 고려공산당이 창립되었다. 이후 코민테른 원동부(遠東部) 산하에 꼬르뷰로(Корбюро, 高麗部), 오르그뷰로가 조직되고, 국내의 '화요회'를 통해 조선공산당의 결성을 준비하였다. 그 결과 김재봉(金在鳳)·김단야·박헌영·조봉암 등 19인이 비밀리에 조선공산당을 조직하였다. 제1차 창당대회는 화요회(화요파)·북풍회 등에서 주도하여 김재봉을 책임비서로 선출하고, '민족해방, 반제국주의'를 조선혁명 과제로 규정하였다.

또한 코민테른에 조동호·조봉암을 파견하여 조선공산당의 창건을 알리고 승인을 얻기로 결정하였다. 한가지 주목할 사실은 서울에서 조선공산당과 고려공산청년회가 조직되기 1년 전인 1924년 마산에서는 리·면 운동단체인 '마산공산당'과 '마산공산청년회'가 조직(김직성·김기호·김형선 등이 주도)되었다는 점이다.

하지만 창당 얼마 후인 1925년 11월 '신의주사건', 1926년 6·10만세운동사건 등 '1·2차 조선공산당 사건'이 잇따라 발생하면서 당조직은 치명상을 입게 된다. 특히 2차 사건 때는 책임비서로 선출된 진주의 강달영을 비롯하여 마산의 김종신·김상주·김기호·김용찬·이봉수·강종록·팽삼진·김명규, 진주의 박태홍·남해룡, 김해의 배덕수, 하동의 조동혁, 고성의 황수룡, 사천은 김직성, 창원은 윤충삼, 합천의 김정규, 함양에 정태중 등이 검거되었다. 이에 1926년 12월에 고려공산동맹을 가입시켜 2차 당대회를 개최하였다. 여기서 '민족주의자 정당을 형성'할 것, 조선노농총동맹을 '노동'과 '농민' 조직으로 분리하고 노·농쟁의에 대한 구체적 전술을 세울 것을 결정하였다. 1928년 2월에는 조선공산당 제3차 당대회를 개최하여 노동자 출신인 차금봉(車今奉)을 책임비서로 선출하고, 3월의 중앙집행위원회에서는 조선혁명을 '부르주아 민주주의혁명'으로 파악하고, "조선사회의 정세에 기초한 혁명적 인민공화국"이 장래 조선의 권력형태가 되어야 한다고 보았다.

1928년 7월부터 제4차 조선공산당검거사건이 발생하여 조직이 와해되자, 노동자·빈농에 기초한 당 재건운동이 시도되었다. 1928년 12월 코민테른에서는 "조선공산주의 운동을 프롤레타리아트 혁명운동을 강화하는 것"이라 결의하고, 공장노동자와 빈농에 기초한 당조직의 복구·강화를 지시하였다. 1929년 3월 과거 상해파와 서울파 그룹들은 만주 길림성을 중심으로 조선공산당재건설준비위원회 발기회를 조직하며 당재건운동을 벌였다. 또한 1931년 2월 'ML파' 사회주의자 그룹은 상해에서 조선공산당재건설동맹을 결성하였고, 블라디보스톡 등지에서 활동했던 김단야·박헌영 등도 조선공산당재건 방침을 시도하였다. 그 후로도 1934년 11월 경성재건그룹, 1935년 9월 조선공산당 재건경성준비그룹 등의 투쟁이 있었다. 1932년 평안북도 경찰서에 검거된 '조선공산당 재건'사건에는 마산의 김종렬·김명시·김형선 등이 참여하였다.

한편 1930년대에는 혁명적 노동조합·농민조합 운동이 활발히 일어났다. 이것은 '아래로부터 위로의' 전국적 조직 건설로 당을 재건한다는 코민테른 방침에 따른 것이다. 1932년 김해농민조합 적화운동사건에는 노재갑·허성도 등이 검거되어 공판에 넘겨졌고, 1934년 10월에 있었던 '경남농촌 적화사건에는 73명이 검거되있있는데, 창원의 조맹규·조원갑·박수남·백태식·정해인·김정선·김시완·김달임·변분옥·김남이·이종태, 마산의 김형윤, 사천의 이금복 등이 포함되었다.

이처럼 조선공산당 재건을 위한 다양한 노력에도 불구하

고 1945년 해방까지 성공하지 못하였고, 해방 직후 박헌영 등 과거 화요파가 중심이 된 '조선공산당재건준비위원회'를 통해 조선공산당이 재건되어진다.

1) 제2차 조선공산당 사건(1927)

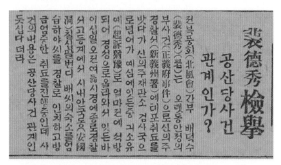

| 김해 출신으로 전 북풍회 간부였던 배덕수가 공산당 사건과 연루되어 체포됨 [중외일보] 1927년 8월 21일

| 제2차 조선공산당사건으로 구속된 인사들의 본적 주소 사진 등
[매일신보] 1927년 9월 13일

| 제2차 조선공산당사건으로 김용찬(오른편 사진)·이봉수·강종록·팽삼진(왼편 사진)·김정규 등이 구속 [매일신보] 1927년 9월 13일

| 제2차 조선공산당사건으로 김종신(위쪽 오른편 사진) · 김명규(위쪽 왼편 사진) · 배덕수(아래쪽 왼편 사진) 등이 구속 [매일신보] 1927년 9월 13일

| 제2차 조선공산당사건으로 구속된 진주 출신의 강달영
[매일신보] 1927년 9월 13일

| 제2차 조선공산당사건으로 황수룡·김상주·김기호(오른편 사진)·김직성·윤윤삼
(왼편 사진) 등이 구속 [매일신보] 1927년 9월 13일

| 제2차 조선공산당사건으로 박태홍·남해룡·조동혁(사진) 등이 구속
[매일신보] 1927년 9월 13일

2) 조선공산당 재건(1932)

| (함안 야체이카 조직한 혐의의) 함안 농조 간부 8명을 석방
[중외일보] 1931년 12월 16일

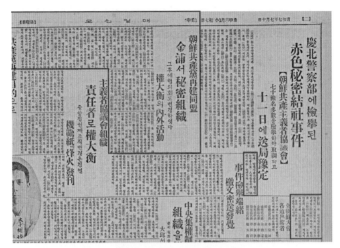

| 조선공산당 재건동맹 김포서 비밀조직, 권대형의 내외활동
[매일신보] 1932년 7월 10일

| 공산당 재건운동 경남도내 일제히 검거, 취조로 점차 일단락
[조선시보] 1932년 8월 26일

| 조선공산당 재건사건 7명 예심에 회부 [매일신보] 1932년 8월 29일

| 경남공산당 재건사건 [매일신보] 1937년 12월 19일

114

3) 사회주의 적화사업

| 경남적색농조사건 주모 16명 송국
[매일신보] 1932년 9월 1일

| (노재갑 허성도 등이 참여했던) 김해농민조합 적화운동사건
[부산일보] 1933년 1월 29일

思想界

平壌の大火
櫻町日本人家に

晉州赤色農組
最高三年役求刑

| 진주적색농조 관련자 최고 3년역 구형 [중앙일보] 1933년 2월 27일

暴露した慶南教員の赤化陰謀

現職教員を中心に

教壇から魔手は躍る

秘密結社「教育労働組合」の全貌

全鮮教育界に大衝動を起す

兒童の感受性を利用し

「主義」の注入をはかる

先づ感能をテストして同志獲得

結社組織に至るまで

| 폭로되었던 경남 교원의 적화음모, 현지교원을 중심으로 교단에서 마수를 펼치다 [부산일보] 1933년 12월 13일

경남의 적색대사건은 조선 초유의
여자결사 [매일신보] 1934년 10월
26일

경남 농촌 적화사건 73명 검거하여 17명 검국 송치
[조선중앙일보] 1935년 3월 18일

赤色農組事件
朴南誠出獄

金海赤色農組事件
十六名畢竟送局
그중에 신체구속은 다섯명뿐
千餘頁厖大한調書

運動의 目標는
農村赤化에

4) 기타

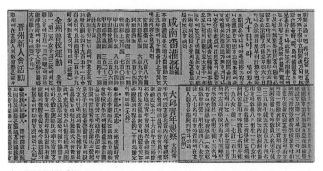

| 진주신인회 활동 [매일신보] 1921년 5월 1일

| 조선노농총동맹 중앙위원에 배덕수가 선출 [시대일보] 1925년 11월 2일

| 진주 사상단체 '동우회'의 혁신 [중외일보] 1926년 12월 6일

| 마산공산당을 지부로 변경해 [중외일보] 1927년 4월 8일

| 창원 흑우연맹사건-마산서 예심은 면소 검사는 항고

[중외일보] 1929년 10월 25일

4. 여성운동

근우회는 신간회 출범의 영향으로 기존에 분산적으로 진행되던 여성운동의 역량을 통합·결집시키기 위하여 1927년 5월에 설립되었다. 김활란·유영준 등 40여 명이 1927년 4월에 발기인 총회를 열고, 같은 해 5월에 YWCA 강당에서 창립 총회를 가졌다. 근우회는 "과거의 여성운동은 분산적으로 통일된 조직도 없고, 통일된 목표나 지도정신도 없어 충분한 효과를 거두지 못하였다"는 인식, "여성의 공고한 단결과 지위 향상"이란 강령과 "여성해방과 민족해방"이란 목표를 갖추고 있었다.

근우회는 서울에 본부를 두고 전국 각지뿐만 아니라 일본·만주 등에도 지부를 두었다. 1930년에는 충청북도를 제외하고 전국에 65개의 지회가 설립되었다. 근우회의 본부와 각 지회에서는 재무·재무·선전조직·교양·조사·정치연구 등의 부서를 두었다. 회원은 만 18세 이상의 여성이 대상이었는데, 회원 2명 이상의 추천을 받아야만 했다. 회원이 되면 입회금 1원에 매월 회비 20전 이상을 납부해야 하였다.

경남지역에서는 1928년 3월에 회원 60여 명으로 창립(집행위원 15명 선출)된 김해를 시작으로 고성·진주·밀양·하동·양산·마산·통영 등 8곳에 지회가 세워졌다. 김해지회는 부녀자의 교양 향상, 조혼제·공창제의 폐지, 여성을 위한 노동기관 설치, 재만(在滿) 동포의 생존권 옹호 및 신간회지지 등의 활동으로 1929년 후반기에는 경찰로부터 활동을 금지당하기도 하였다. 1928년 4월 고원섭 등 70여 명의 회원으로 결성된 밀양지회는 밀양교회 교인들이 주축을 이루었다. 10월에는 해체된 밀양여자청년회에서 운영하던 여자야학을 인수하여 경영하였다. 1929년 3월 독립예수교회에서 결성된 마산지회도 기독교 계열의 여성들이 활동의 추축을 형성했던 것으로 보인다.

	김해	진주	밀양	하동	양산	마산	통영	고성
설립	1928. 3. 24	1928. 4. 7	1928. 4. 18	1928. 7. 1	1929. 6. 21	1929. 3. 12	1929. 6. 7	1929. 1 ?
회원 총수	99	17	80	56		51	50	
중요 간부	김필애	박덕실	고원섭	조필렬	권은해	서성실	최덕지	

근우회는 1929년 제2회 전국대회에서 여성에 대한 교육 보장, 여성을 봉건적 인습과 미신으로부터 해방, 여성의 사회적·경제적 이익을 보장, 여성의 언론·집회·결사의 자유 등에 대한 구체적 행동강령 등을 채택하여 여성의 권익을 더욱 철저히 보장하고자 하였다. 이를 위해 근우회에서는 야학을 설립하고 강연회를 조직하여 여성의 계몽에 노력하였고, 야유회나 체육대회를 통해 회원간의 친목과 유교적 관념을 탈피하고자 하였으며, 독자적인 회관의 건립을 추진하여 운동의 기초를 마련하고자 하였다.

하지만 1929년 말에 사회주의 성향의 지도부가 등장하면서 내적으로 기존의 기독교여성운동을 추진했던 지도부들이 퇴진하였고, 근우회 운동에 대한 자체의 비판이 점차 제기되었으며, 외적으로 일제의 탄압도 더욱 가중되었다. 또한 각 지회 상호간의 유대도 허물어지면서 1931년 2월에 신간회의 해소와 마찬가지로 해체론이 제기되었고, 결국 정식의 해산발표도 없이 해체되었다.

1) 근우회 지부

| 근우회 고성지회 발기
[중외일보] 1928년 4월 19일

| 근우회 밀양지회 정기대회 개최
[중외일보] 1930년 3월 31일

| 근우회 진주지회 설립 대회 성황 [중외일보] 1928년 4월 10일

| 근우회 하동지회 설립 [중외일보] 1928년 7월 5일

2) 부인회

| 망동(대한애국부인회)의 경과 개요 [매일신보] 1919년 12월 19일

| 애국부인회의 유력한 관계자로 이미
체포된 (경남 출신 여성)
[매일신보] 1919년 12월 19일

| (진주) 부인회 해산 명령
[매일신보] 1920년 11월 15일

| 통영 부인회 위원회 개최
[중외일보] 1928년 8월 29일

3) 여자 청년회

| 김해 여자 강습회가 김해 성내청년회의 여자 야학부
주최로 개최
[매일신보] 1921년 5월 9일

| 밀양에 조직된 여자 청년회 회장 고원섭여사의 극진한 그 열성
[매일신보] 1921년 1월 10일

| 밀양여자청년회 야학회 제1회 졸업식 거행
[시대일보] 1924년 4월 8일

| (밀양여자청년회 부회장 박의정 여사가) 야학 위하여 주택 저당 [중외일보] 1927년 4월 15일

창원군 웅동면 여자청년회가 마천리 사립 계광학교에서 임시 총회를 개최
[시대일보] 1924년 4월 8일

| 1930년 웅천청년회관 개관기념공연을 마치고 웅천여자청년회 일동
(김씨박물관 소장)

일제강점기 조선의 학생들은 사회변혁 운동과 민족해방 운동의 주축으로 활동하였다. 학생들은 3·1운동, 1926년의 6·10만세운동, 1929년 11월의 광주학생운동 등에서 두드러진 활약을 보였다. 1920년대 전반기에 학생들의 관심사는 주로 학내 문제에 집중되었다고 한다면 1920년대 후반에는 식민지 노예교육이나 언론·집회의 자유 문제에 집중되었다. 학생들은 개별 학교 혹은 인근의 여러 학교들과 연계하여 '동맹휴교'란 방식으로 자신들의 요구를 개진하였다.

경남지역의 학생들은 식민지 교육정책에 대한 반대를 시위와 휴맹의 방식으로 표시하였다. 진주에서는 진주공립농업학교 시위(1927.6), 진주고등보통학교와 진주공립농업학교의 연대 맹휴(1928.7), 진주고등보통학교 맹휴(1929.12) 등이 대표적이다. 대부분의 학교 당국에서는 학부형들을 동원하여 학생들을 회유하고자 하였다. 하지만 이런 시도가 실패하자 진주고보의 경우는 학생 240명을 무기 정학에 처하고, 결국에는 주모자로 지목된 11명의 학생에 대해서는 퇴학 처분을 하였다.

1929년 광주학생운동으로 경남지역의 학생들도 적극 시위운동에 동참하였다. 지역별로 양산·김해·마산·진해·통영·창녕·함안·진주·사천·삼천포 등지의 27개 학교에서 만세·격문·선동 등의 다양한 형태로 자신들의 의사를 표현하였다. 일찍이 3·1운동을 경험했던 일제 통치자들은 학생운동이 민족운동·민중운동으로 확산되는 것을 사전에 차단하기 위하여 유래 없는 가혹한 탄압을 자행하였다. 이로 말미암아 1930년대부터는 학생운동이 집단적, 공개적 투쟁방식을 벗어나 소수 정예화의 비밀결사 형태로 변화되어 갔다. 그 결과 경남지역에서는 1930년대 초반에 진주공립농업학교의 비밀결사동반회·비밀결사T.K단 사건, 진주고등보통학교의 독서회 사건 등이 발생하였다.

일제는 만주사변(1931)과 중일전쟁(1936)을 계기로 내선일체를 표방하고, 황국신민화정책을 기본 통치 방침으로 하였다. 또한 제3차 조선교육령을 발포(1938.3)하고, 학도근로보국대를 조직하여 식민통치를 극대화하고자 하였다. 이로 말미암아 기존에 비밀결사 형태로 전개되었던 학생운동은 한걸음 더 나아가 '무장투쟁'을 연계하는 것으로 변화되어 갔다. 비록 적은 숫자이기는 하지만 양산 통도중학교 사건(1941), 마산중학교·김해농림학교 학생들을 중심으로 한 마산·진해 군사시설의 탐지 활동 등이 대표적이다.

일제강점기의 학생운동은 소극적인 애국계몽운동에서 적극적인 무장투쟁까지 당시 식민지 조선에서 민족해방운동의 중추적 역할을 담당하였고, 그 속에는 경남지역 학생들도 함께 하고 있었다.

| 마산상고도 동요 발각되어 3명을 검거
[중외일보] 1930년 1월 14일

| 1932년에 진주에서 적색노조 40여명 학생이 피검 [중외일보] 1932년 11월 19일

| 독립만세 호창한 진주학생 처분 [매일신보] 1920년 9월 16일

| 동맹 휴교를 했던 진주 고보생 240명 무기 정학 처분
[매일신보] 1930년 1월 23일

| 일신여교 문제로 진주시민 대회 개최
[중외일보] 1927년 5월 13일

| 재동하려다 미연에 발각되어 진주 일신여학교에서 부득이 임시휴학 하여
[중외일보] 1930년 1월 26일

| 진주 고보와 농업고의 연맹 휴교로 학생들이 연맹 퇴학원 제출 [매일신보] 1928년 7월 13일

| 진주 학생 동맹 명의로 격문을 다수 살포 [중외일보] 1930년 1월 19일

| 천장절 당일에 독립만세를 고창하고자 계획하다가 진주농업학교 학생 72명 검
거 상세 보도 [매일신보] 1920년 9월 11일

| 하동 공보 돌연 맹휴
[매일신보] 1927년 11월 26일

1) 사회단체

| 가까운 군의 조선인 단체 수(밀양 김해 양산) [조선시보] 1921년 6월 23일

| 마산·창원 사회단체 협회 성황리에 창립 [중외일보] 1928년 2월 4일

| 마산 각단체 대표 신년 간친회 경과 [중외일보] 1927년 1월 15일

2) 청년단체

1910년대 초반에도 청년들은 종교계 혹은 일부 구락부·수양회 등에서 개별적으로 단체를 조직하여 활동 하였다. 그들은 점차 개인적 활동 범위를 넘어 사회적 문제에도 관심을 가지기 시작하였고, 3·1운동 때는 '민족의 독립'을 위하여 적극 동참하여 만세운동을 주도하였다. 1920년을 전후해서 조선인들 스스로가 자신의 실력을 양성하고 사회를 개혁하기 위하여 전국적으로 다양한 '청년'단체들을 조직했으며, 조직의 역량을 결집시키기 위하여 1920년 12월에는 120여 개 단체가 참여했던 조선청년회연합회를 결성하였다. 경남지역에서 활동하던 28개(고성·김해·마산·밀양·사천·양산·창녕·창원·함안·함양·합천·초계·의령·진주) 단체도 엽합회에 참가하였다.

경남지역에는 마산 등의 개항장을 중심으로 청년층이 대거 유입되면서 1921년 6월에는 52개, 1923년 2월에는 75개의 청년단체가 조직되어져 꾸준한 증가 추세를 보였다. 초기의 청년단체에서는 개인 수양과 사회 개혁을 위한 순회강연, 토론회 등을 중심으로 활동하였다. 1923년에 조선물산장려회가 조직되어 전국으로 확산될 때 경남지역에서도 40여 곳에서 운동이 진행되었는데, 특히 양산·밀양·창녕·합천 등지의 청년단체들이 적극 참여하였다. 그들은 물산장려에 대한 강연회와 의연금 모집을 주관하고, 군중들에 물산장려 선전물을 배포하고, 금주와 금연 등을 실행하였다.

한편, 국외에서 사회주의 단체들의 활동이 활발하게 전개되면서 국내 일부 청년단체들도 이에 동조하여 1923년 3월에 전조선청년당대회를 개최하였고, 1924년에는 조선청년총동맹이란 새로운 전국 범위의 청년조직을 만들었다. 기존의 청년운동에 통일성을 추구하고자 도와 군 단위의 연맹을 결성하였는데, 경남지역에서도 밀양·김해·마산·창원·통영·거제·고성·진주·하동·합천 등지에서 청년연맹이 결성되어 활동하였다. 그 결과 총동맹은 1925년 6월에는 전국적으로 254개 단체에 5만여 명의 회원을 가진 거대 조직으로 발전하였다.

1925년 후반부터 청년운동은 기존의 무산계급운동에서 민족적·대중적 운동으로 방향 전환이 제기되었고, 1927년 신간회의 창립으로 '전 민족적 청년운동'으로 방향 전환이 이루어졌다. 경남에서도 기존에 노선문제로 분리되었던 군부의 청년운동이 조금씩 극복되어져 1927년에는 7곳(양산·김해·마산·거제·함안·고성·하동), 1928년에는 6곳(밀양·창원·의령·합천·진주·사천), 1929년과 1930년에는 통영과 남해에 각각 1곳씩 군부청년동맹이 조직되었다. 이들은 신간회를 지지하고, 언론과 교육을 통한 권익 신장과 악습 철폐 등을 주요 정책으로 추진하였다.

하지만 경남지역에서도 1929년 세계 대공황의 여파로 사회주의 계열의 노선 전환이 시도되었고, 일제의 탄압이 더욱 심화되면서 군부청년동맹은 점차 해소되고 노동조합과 농민조합의 청년부로 재편되어졌다.

(1) 청년회

| (조선)청년회 (연합회 제2회정기)총회 출석대표자 [매일신보] 1921년 4월 1일

| 조선 청년회 연합회 헌장 무사 통과
  (임시의장으로는 밀양 청년회 대표자 박해돈씨)
  [매일신보] 1921년 5월 9일

| 고성청년회 정기총회 [중외일보] 1927년 3월 11일

| (김해군) 진영청년 위원회
[중외일보] 1927년 8월 22일

| (김해군 하계면의) 주호청년회 정총
[중외일보] 1927년 8월 20일

| 남해청년회 위원회
[매일신보] 1929년 5월 17일

| 마산 청년회 설립 [매일신보] 1918년 6월 12일

| 밀양청년회 제15회 정기 총회 개최 [중외일보] 1928년 7월 25일

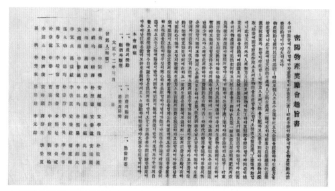

| 밀양 물산장려회 취지서 (독립기념관 소장)

| 삼천포 청년회 월례회
[조선시보] 1928년 2월 14일

| 진주청년회 총회
[부산일보] 1917년 10월 19일

| 창녕 천도교 청년회에서 농민야학을 창설
[중외일보] 1927년 4월 7일

| (창원군) 진해청년회 총회 [시대일보] 1925년 11월 28일

| 통영청년회 마침내 설립 [부산일보] 1926년 10월 1일

| 하동청년회 정총 [중외일보] 1927년 3월 17

| 함안청년회 해산
[매일신보] 1921년 8월 24일

| 함안 군북청년회 총회
[매일신보] 1922년 8월 23일

138

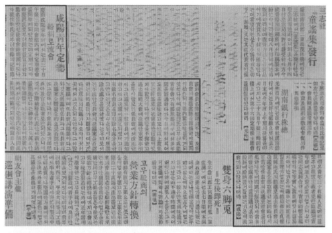

| 함양청년회 정기총회 분규로 유회 [중외일보] 1928년 8월 4일

| 합천청년회 정기 총회 [중외일보] 1927년 4월 14일

| 점차 발전되는 초계청년회 회원 300여 명 [매일신보] 1920년 6월 2일

| 거창청년회의 성대한 신축 낙성식 [매일신보] 1926년 9월 5일

| 새로 지은 밀양청년회관 [매일신보] 1922년 10월 14일

| 김해청년회는 콜레라 전파를 방
지하기 위하여 자위단을 조직
[매일신보] 1920년 8월 7일

| 양산청년회에서는 기금 마련을 위
한 영화 상영
[부산일보] 1934년 2월 11일

| (의령청년회) 눈물겨운 동포 위문회 50원 [중외일보] 1928년 1월 13일

| 청총 분규와 진영청년회 성명 [중외일보] 1927년 3월 23일

| 창원 청년회 운명
   [시대일보] 1924년 5월 14일

(2) 청년동맹

| 거창 청년동맹 거창지부 창립 총회
[중외일보] 1930년 4월 10일

| 고성청년동맹 해체키로 결정 [중외일보] 1927년 2월 9일

| 김해 청년동맹 진영지부 설립 [중외일보] 1928년 3월 12일

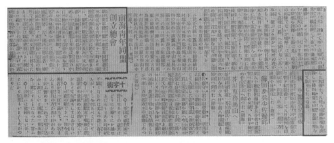

| 남해 청년동맹 창립총회 [부산일보] 1930년 12월 11일

| 마산 청년동맹 집행위원회 [중외일보] 1930년 4월 10일

| 의령 청년동맹 창립대회 성황 [중외일보] 1928년 4월 25일

| 진주 청년동맹의 신임 위원회 [중외일보] 1930년 4월 10일

| 창녕에서 청년동맹 창립 준비 [중외일보] 1930년 1월 10일

| (창원군) 남면청년(동맹) 정기총회
[중외일보] 1927년 8월 22일

| 창원 청년동맹 진해지부 창립 [중외일보] 1928년 4월 5일

| 통영 청년동맹회 월례회
[매일신보] 1925년 3월 6일

| 하동 청년동맹 확대위원회 [중외일보] 1930년 6월 6일

| 함안 청년동맹 확대위원회 [중외일보] 1928년 7월 16일

| 9월 2일에 함양 청맹 설립 [중외일보] 1929년 9월 6일

| 사천 청년동맹지부 사건
[중외일보] 1929년 9월 7일

| 거제 청년동맹 위원회까지 금지
[중외일보] 1930년 5월 4일

| 삼천포 청년동맹 창립 총회 금지 [중외일보] 1930년 1월 26일

| 창원 여자청년동맹 집행위원회 [중외일보] 1926년 12월 22일

(3) 청년연맹

| 고성 청년연맹 회보 발행 결의 [시대일보] 1926년 7월 8일

| 밀양 청년연맹 집행위원회 [시대일보] 1925년 12월 19일

| 진주 청년연맹 12일에 창립 [시대일보] 1925년 11월 15일

| 마산청년연맹 청총 중협가맹 [시대일보] 1926년 5월 12일

| (진주군 청년연맹의 직업별 조직인) 상업 청년 창립
　　[시대일보] 1925년 11월 24일

| 마산 청년연합회 소년지도부 증설하기로 [시대일보] 1926년 5월 5일

(4) 청년단

| 남해청년단 창립 [시대일보] 1924년 11월 18일

| 마산 청년단 조직
[부산일보] 1915년 11월 7일

| 진주청년단 성립
[부산일보] 1917년 9월 23일

| 합천군 연합 청년단 결성
[매일신보] 1938년 9월 17일

| 통영 청년단 주최로 문화교육전 활동사진대를 조직
[매일신보] 1921년 8월 13일

| (진주군 대곡면 설매리 상촌에)
농민단 창립
[시대일보] 1925년 12월 16일

(5) 여자청년단

| 진주 여자청년회 창립 기념 발회식 [시대일보] 1925년 12월 22일

| 진해 여자청년회 창립 [시대일보] 1925년 10월 7일

| 통영의 여자청년회 발회식 [매일신보] 1925년 8월 22일

| 함안 여자청년회 7일 밤 창립 [중외일보] 1927년 3월 14일

| 고성 여자청년회 기념강연 [중외일보] 1927년 3월 11일

3) 소년·소맹

| 경상남도 소년연맹 창립 총회 [중외일보] 1928년 7월 11일

| 마산 소년동맹 집행위원회 [중외일보] 1930년 4월 10일

| 합천 (소년회 주최) 동화대회
[중외일보] 1927년 3월 31일

| 소맹대회의 탄압에 마산소년동맹에서 시위 [중외일보] 1930년 4월 16일

4) 형평사 및 형평청년회

형평운동은 1923년 경남 진주에서 백정(白丁)들이 중심이 되어 시작된 신분 해방, 민족 해방 운동이다. 당시 40여 만 명(형평사 통계)에 달하는 백정 중에 일부는 농업에 종사하기

도 했지만 대부분은 여전히 도살업·제혁(製革)업 등에 종사
하여 사회적 차별을 받고 있었다. 1,000명 정도의 백정이
거주하던 진주에서 백정 신분의 자산가 이학찬(李學贊)은 백
정에 대한 사회적 차별에 대항하여 1923년 4월에 진주 대안
동(大安洞) 진주청년회관에서 강상호(姜相鎬, 양반)·장지필(張
志弼, 백정) 등의 회원 80여 명과 창립총회를 열고, '형평사(衡
平社, 즉 저울처럼 평등한 단체)'를 설립하였다. 여기서 형평사
주지(主旨)·사칙이 채택되고, 위원·간사·이사 등의 간부를
선출하였으며, 교육기관과 회관의 설치도 논의하였다. 당
시 채택된 주지에는 '평등 사회'와 '인간 해방'이란 형평사의
목표가 잘 반영되어 있다.

형평사는 창립 때부터 전국적 조직을 지향했던 것처럼 국
내외 각계 인사나 사회주의를 포함한 사회운동 단체의 지원
으로 창립 1년 만에 전국 각도에 형평사 지사 12곳, 분사 64
개를 조직하였다. 또한 각 단위별로 회원 100명당 1명의 대
표를 선정하여 총회에 참석하도록 하여 등가성을 추구하고
자 하였다. 하지만 형평사 세력의 확대는 1923년 5월 진주
에서 우육비매동맹(牛肉非買同盟)의 조직, 7월·11월에 삼가
(三嘉)에서, 8월에 김해에서, 9월에 통영에서, 10월에 합천
에서 반형평운동(反衡平運動)을 가져왔다. 백정에 대한 차별
은 1926년 형평사에서 총독부에 관공서뿐만 아니라 일반인
에 의한 차별과 박해, 일반 대중시설에서 차별 등을 지적하
며, 이에 대한 조치를 법제화할 것을 요청한 것에서도 잘 반
영되고 있다.

한편, 진주를 중심으로 설립되었던 형평사가 1923년 11월 대전에서 열린 전조선 형평 대표자 대회에서 본사를 진주에서 대전으로 이전한다는 사항이 결의되면서 형평사는 남북 양파로 나뉘는 내부 대립이 발생하였다. 전라도·충청도·강원도에 기반을 둔 북파(北派)는 1924년 2월 대전에서 형평사 혁신동맹준비회를 조직했다. 창립 1주년 기념식을 진주와 서울에서 각기 개최할 정도로 반목과 대립이 있었음에도 불구하고 형평사의 통합을 위한 노력은 지속되었다. 1924년 8월에 대전에서 형평사 통일대회가 개최되어 분열의 책임을 지고 강상호와 장지필 등이 공식적으로 중앙집행위원을 사임하고, 조선형평사 중앙총본부를 서울에 설치하기로 하면서 분열은 일단락되었다. 또한 전국 각지에서 형평청년회가 조직되었고, 1925년 12월에는 형평사청년총연맹이 결성되면서 평형운동은 활력을 띠고 다양한 형태로 발전하였다. 하지만 1927년 1월에 일어난 고려혁명당사건에 형평사 총본부 간부들이 연루되면서 다시 내부의 분열이 초래되었고, 1931년에는 신간회의 해체로 형평사의 해소론이 제안되기에 이르렀다. 그 후 1933년 1월에 '형평청년 전위동맹'사건이 발생하여 형평사는 지리멸렬하게 되었고, 1935년 4월에는 결국 대동사(大同社)로 개칭되었다.

(1) 형평사

| 형평 경남지연 집행위회 유회 [중앙일보] 1931년 12월 28일

| 김해 형평사 8주년 기념식 [중외일보] 1930년 8월 15일

| 형평 의령지부 정기총회
[중외일보] 1930년 5월 8일

| 창녕 형평 총회
[중외일보] 1927년 5월 13일

| 창원 형평 창립 제4주년 기념
[중외일보] 1927년 5월 1일

| 함양형평 창립 5주년 축하식
[중외일보] 1927년 5월 27일

| 합천 형평사 강습교사 낙성
[중외일보] 1928년 8월 13일

| 김해 농민이 (형평사에 반대하여) 다시 봉기 [매일신보] 1923년 8월 21일

| 형평사원에 대한 분쟁으로
밀양시민 분개
[매일신보] 1926년 3월 20일

157

| 마산 형평 창립 기념
[시대일보] 1926년 5월 4일

| 밀양형평사원 도살용 칼로 사람을 살해
[매일신보] 1929년 3월 27일

| 진주에서 형평사와 농민의 대치
[조선시보] 1923년 6월 6일

| 진주에 형평사 창립 [매일신보] 1923년 5월 2일

陝川衡平臨總

陝川衡平社에서는四月二十日午
前十時에當地李且述氏宅에서黃
三介氏司令으로臨時總會를開하얏
다는데慶尙衡平大會에派遣할代
議員氏名과討議事項은左와如하
다더라　〔陝川〕
一，永川衝平社員被殺에關한件
　支局襲擊에對하야東亞大邱
一，慶尙衡平大會에代議員派遣
　에關한件
　代議員氏名＝金斗河，金武點
劉順京，李判出

| 합천 형평 임총 [중외일보] 1928년 4월 25일

| 1928년 제6회 전국 정기대회 포스터(no142) (2010년 진주박물관 도록 중)

| 1930년 제8회 전국 정기대회 포스터(no143) (2010년 진주박물관 도록 중)

(2) 형평청년회

| 경남 형평청년회 도연맹 창립대회 준비 [중외일보] 1928년 4월 25일

| 고성 형평청년회 임총
[중외일보] 1927년 4월 23일

| 창원 형평청년단 긴급총회 개최
[중외일보] 1927년 2월 20일

| 하동 형평청년회 창립 총회 [중외일보] 1927년 4월 22일

| 함양 형평청년회 (제2회) 집행위원회 [중외일보] 1927년 6월 13일

5) 교육

조선에서는 기존 유학을 중심으로 시행되는 교육 정책이
1880년대가 되면 개화정책의 일환으로 근대교육을 위한 신
식학교가 설립되어진다. 1894년 갑오개혁으로 초등교육이
중시되면서 한성사범학교와 관립 소학교가 설립되었다. 이
러한 노력으로 대한제국 말기인 1910년 5월, 학부의 인가
를 받은 학교가 2,250개나 있었다고 한다. 1910년 11월을

기준으로 경남 각 지역에서는 아래의 표와 같이 공립학교 6곳, 사립학교 74곳이 운영되었다.

지역	공립	교원 수	학생 수	사립	교원 수	학생 수
창원	마산보통	8	313	창흥·완월·숭광·창신·개통·가일·진명·보성·경명·동명(10)	69	797
진주	진주실업·보통(2)	12	239	광림	6	40
김해	김해보통	4	62	협성·동명·용연·일신·녹명·중화·합성·동광의숙·조양의숙(9)	42	363
밀양	밀양보통	5	213	명원·진성·양진·서창·영신·경성·진명·고명·정명·기창·동화농업·화산의숙(12)	58	451
창녕/영산				기독은성소학교·영명(2) / 경명·덕성(2)	20 / 9	92 / 77
거창				거창·웅양(2)	9	218
하동				하동보통·융명·보명·일신(4)	15	312
합천/초계/삼가				흥명·명륜·해명(3) / 초계보통·독신·창신소학교(3) / 봉산	12 / 13 / 5	123 / 97 / 32
함안				보흥·찬명(2)	27	225
고성				대성보통	6	95
의령				의신·창남(2)	10	88
양산				명신·원창·정명·원명(4)	28	222
사천/곤명				명달보통·보통(2) / 개양·개진·현산·찬명(4)	7 / 20	157 / 193
함양/안의				함양보통·함덕·열신·동명(4) / 의명	26 / 6	223 / 92
산청/단성				계명 / 서동	4 / 4	96 / 60
남해/용남	용남보통	6	190	동영·집영·흥선(3)	11	137

1910년 11월에 6곳이던 공립학교는 1912년 3월에 마산·진주·용남·밀양·하동·김해·거제·창녕·곤양·고성·거창·함안·사천·함양 등 14곳으로 증설되면서 각 군별로 공립보

통학교가 1곳씩 설치되어졌다. 뿐만 아니라 조선인들은 스스로 고등교육을 시행하기 위하여 1923년에 '민립대학설립운동'을 전개하였다. 1923년 2월 20일까지 전국 150개 군에서 660명이 민립대학설립에 찬동 했는데, 이 때 김추은·최인환 등 경남 각지의 인사들도 기성 발기인으로 적극 동참하였다.

또한 경남지역에는 비정규의 다양한 야학도 개설되었다. 김해공립소학교 교원인 이준호(李濬鎬)가 부설로 '일어 야학과'가 개설했는데, 이것이 경남지역 최초의 야학이다. 마산에서는 실업가인 옥기환 등이 마산노동야학을 설립하여 큰 호응이 있었고, 하동에서는 공립보통학교 부설로 법률야학강습소가 설립되었고, 진주에서는 심지어 진주 감옥소 죄수들을 위한 야학도 실시되었다. 야학에는 초등학교 교육과정을 중심으로 일어가 중요 과목으로 편성되었고, 노동·여성과 관련된 야학이 출현하였고, 불교계가 야학에 적극 동참했다는 특징을 보였다. 이처럼 각 지역에서 실업 자산가부터 천시 받았던 백정이나 기생들까지 야학의 설립과 운영에 동참하면서 주민들의 적극적인 호응을 얻었다. 야학을 통한 조선인들에 대한 계몽과 민족성의 고취가 점차 이루어지자, 일제는 1930년대에는 각 지역의 야학에 대한 폐쇄 명령을 내렸다.

이외에 경남지역은 지리적으로 일본과 근접해 있고, 개항장이 많아서 일본인을 위한 학교가 전국에서 가장 많이 운영되었다. 1911년 3월 일본인의 소학교는 진주(1)·마산(2)·용남(2)·거제(4)·사천(2)·고성(2)·하동(1)·밀양(1)·김해(4)·양산(1) 등지에 총 20곳 있었다. 일본인들의 근대적 교육은 조선인들에게 '새로운 자극제이자 충격파'로 작용하여 조선인들 스스로 근대 교육, 고등교육에도 관심을 두도록 하였다.

(1) 학교

| 1913년경 통영 세병관에서 찍은 용남공립보통학교 제4회 졸업식 사진
(통영시립박물관 소장)

| 통도사 원경(입구 개울 근처 흰색 계열 지붕이 지방학림 교사, 국립중앙박물관 소장)

| 1916년 4월 개교한 통도사 지방학림 전경 (양산시 보광중학교 소장)

| 1910년 하동 쌍계사 보명학교 승려와 학생들 <small>(국립중앙박물관 소장)</small>

| 1906년 건립된 합천 해인사 해명학교 학생들 <small>(국립중앙박물관 소장)</small>

| 1920년 창신학교 교사 및 제10회 졸업식 광경 (창신고등학교 소장)

| 경남 진주의 독지 청년인 허만정씨가 중학교를 설립하려는 대계획 [매일신보]
1920년 5월 8일

| 민립대학 설립에 창녕의 신의식 김추은 하갈호 장진수 구남회 등이 참여 [매일신보] 1923년 1월 10일

| 1924년 김해 공립보통학교 교사 (김해시 소장)

| 1924년 진주공농교기숙사에서 찍은 애학원수양부조기 (김해시 소장)

| 고성학원 경영자가 농민조합으로 변경
[중외일보] 1928년 9월 9일

| 1936년 김해 합성보통학교 교사 (김해시 소장)

170

| 1936년 김해공립농업학교 실습장에서 면화를 채취하는 모습 (김해시 소장)

| 1936년 김해공립농업학교 학생들의 모내기 활동 모습 (김해시 소장)

171

| 1940년 김해금릉학원 제1회 수업생 기념 (김해시 소장)

(2) 야학

| (경남)노동 야학회 성황 [매일신보] 1920년 12월 6일

| 거제서도 (어린이날을 기념하여) 대규모로 준비 [중외일보] 1930년 5월 4일

| 경상남도 마산노동야학교를
다시 건축

[매일신보] 1916년 3월 21일

| (밀양청년회에서) 밀양노동
야학계획

[매일신보] 1922년 8월 30일

| 초계리 노동야학

[시대일보] 1924년 11월 30일

| 폐쇄가 명령되었던 김해 농민 야학교

[조선시보] 1930년 11월 29일

| 야학교의 폐쇄명령으로 분규 대표자 당국을 방문 [조선신문] 1930년 11월 30일

6) 기타

| 거창 (농민) 독서회 사건 [조선중앙일보] 1936년 4월 2일

| 통영노동당 (제3회) 정기총회 [매일신보] 1927년 2월 17일

| 밀양에서 개최된 제5회 경남기자대회 [중외일보] 1930년 4월 15일

| 1929년 이윤재 선생 한글강좌 기념사진 (김해시 소장)

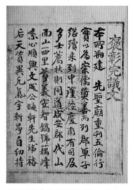

| 안지호의 죽음을 애도하며 1925년 전국의 유림 대표가 올렸던 표창완의문 (함안박물관 소장)

| 마산의 창기가 돌연 동맹 휴업한 이면에는 요시찰인 [조선신문] 1926년 12월 11일

175

(경남 고성에서) 혁진 위원회가 창립 [시대일보] 1926년 3월 19일

대장경 인쇄 완료 1부는 제실 박물관에 헌상 [매일신보] 1915년 6월 20일

1937년에 만주국 황실에서 해인사 대장경 사본을 2부 요청 [매일신보] 1937년 9월 17일

| 허시모(미국 선교사) 사건에 대한 마산시민 단체들의 성토 [시대일보] 1926년 7월 13일

| 1932년 경남도지사 도변의 박간농장 순시 기념 사진 (김해시 소장)

| 1936년 김해군청 직원 (김해시 소장)

| 1928년 왕릉공원에서 김해군 직원 (김해시 소장)

| 1939년 김해군청 직원 (김해시 소장)

| 김해군청 직원 (김해시 소장)

| 1931년 경상남도 기업전습소 제 28회 수업생 (김해시 소장)

| 1934년 김해군농회에서 새끼 병아리를 발송하는 모습 (김해시 소장)

| 1935년 김해부인친목회에서 주최한 요리강습회 기념 (김해시 소장)

| 1924년 천장절에 통영경찰서 순사들이 기념하여 찍은 사진 (통영시립박물관 소장)

| 1930년 통영경찰서 순열 기념 사진 (통영시립박물관 소장)

先生回甲記念

一同

1937년 이극로의 가족 (창신고등학교 소장)

기록 속의 사람들 _ 안순형

1. 국내 활동 독립운동가들
2. 해외 활동 독립운동가들

Ⅳ. 기록 속의 사람들

1. 국내 활동 독립운동가들

일제강점기 경남 출신의 사람들은 남녀를 불문하고, 공개적 혹은 비공개적 결사체를 조직하여 정치·사회·문화 등의 다방면에서 민족 해방과 조국 독립을 위하여 활동하였다.

국내에서는 1919년 3~4월에 경남 전역에서 만세운동이 일어날 때 창원의 이교재·변상태, 진주의 이강우·김재화, 합천의 이원화, 거창의 신종목, 김해의 김승태, 고성의 허재기, 창녕 영산의 23인 결사대 등의 학생·지식인·농민·노동자·종교인 등 다양한 계층에서 참여하였다.

3·1운동 적극 동참하지 못했던 유교계에서 프랑스 파리 강화회의에 한국의 독립을 청원하기 위하여 청원서를 보내었다. 파리장서운동은 김창숙이 곽종석과 논의하여 장석영이 2,674자에 달하는 장문의 청원서를 작성하고, 유림 대표 137명이 서명하였다. 이것을 상해임정에서 영문으로 번역하여 한문 원본과 함께 파리강화회의에 보내고, 각각 3,000부씩 인쇄하여 중국에 있는 각국의 공관과 국내의 각지에도 배포하였다. 비록 곽종석 등의 관련자 600여 명이 투옥되거나 처벌을 받았지만 그동안 망국에 책임이 있던 유림들이 향후 독립운동에 적극 동참하는 계기가 되었다. 경남에서도 거창에서 7명, 밀양에서 6명, 합천에서 11명, 진주에서 4

명, 산천에서 4명, 김해와 창녕에서 3명씩, 의령에서 2명, 하동에서 1명 등 총 41명이 서명하였다.

1927년에는 민족주의 진영과 사회주의 진영이 조선 민족의 예속과 굴욕을 벗어나기 위하여 '민족합동전선'인 신간회가 설립되었다. 경남지역에서도 지식인·청년들이 중심이되어 군급 단위별로 지부나 지회가 설치되었는데, 대표적 활동가로는 밀양의 김병환, 양산의 김철수, 김해의 배종철, 마산의 명도석, 의령의 구여순, 진주의 강상호 등이 있다.

일제 민족말살정책의 일환으로 조선어학회사건(1942년)이 발발했음에도 불구하고 말과 글의 연구를 통해 민족성을 지키려는 한글 학자들의 기백은 꺾을 수 없었다. 김해의 이윤재, 의령의 이극로는 한글 연구에 매진하다가 조선어학회 사건에 연루되어 복역하였고, 의령의 이우식도 조선어사전 편찬회에 재정을 지원하다가 조선어학회 사건으로 검거되었다.

전통종교인 불교와 신종교인 천도교측에서는 3·1운동에 적극 참여하였고, 개신교 목사들의 신사참배를 거부하였다. 유교측에서는 광무황제의 서거에 울분을 참지 못하고 자결했던 거창의 이주환이 있고, 불교계에서는 3·1운동에 참여했던 통도사의 오택언·양만우, 1930년대에 만당에 참여했던 사천 다솔사의 최범술, 천은사 등 각 사찰에서 군자금을 모집하여 상해임정을 지원했던 고성의 백초월 등이 있다. 개신교측에서는 마산 문창교회에서 활동했던 진해의 주기철, 여수 애양원에서 활동했던 함안의 손양원 등도 있다.

185

1) 3·1운동

| 강상호는 진주 출신으로 3·1운동에 참여했고, 1924년 2월 부산에서 개최된 형평사 총회에서 의장으로 추대 [경성일보] 1924년 2월 13일

| 구중회는 창녕 출신으로 3·1운동 때 영산읍 결사대로 참여했고, 1928년 천도 교청년당 제2차 대표대회 중앙집행위원으로 선임 [매일신보] 1928년 4월 5일

| 권도용은 함양 출신으로 조선 독립에 관한 불온문을 배포하게 함
[매일신보] 1922년 3월 8일

| 김철수는 양산 출신으로 2·8독립선언식 11명 대표 중 1명이고, 1925년까지 재일 유학생 독립운동과 물산장려운동 주도 [매일신보] 1920년 2월 14일

| 권대형은 하동 출신으로 3·1운동 참여, 일본 및 국내에서 사회주의 활동
[매일신보] 1932년 7월 10일

| 배덕수는 김해 출신으로 3·1운동에 참여했고, 1924년 북풍회 창립 총회에 참
여했으며, 1925년 조선노농총동맹 중앙위원 선출 [시대일보] 1925년 11월 2일

| 서대문경찰서에서 1931년 9월 29일 주요 감시 대상으로 작성한 배덕수의 인물
카드 (국사편찬위원회 소장)

| 배동석은 김해 출신으로 3·1운동 때
서울에서 참여했고, 3개월 수형 생
활을 함 [매일신보] 1919년 1월 14일

| 변상태는 창원 출신으로 3·1운동 때 서울 시위에 참여했고, 창원군 진전면에서 만세 운동을 주도 [매일신보] 1920년 7월 24일

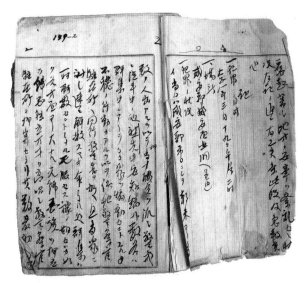

| 안지호는 함안 출신으로 3·1운동에 참여했고, 3월 19일에 조사받았던 심문조서
(함안박물관 소장)

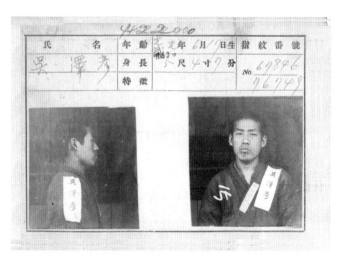

| 오택언은 양산 출신으로 3·1운동에 참여 (국사편찬위원회 소장)

| 오택언 (국사편찬위원회 소장)

| 허재기는 고성 출신으로 3·1운동을 주도, 독립군자금 모집 (청강스님 소장)

2) 상해 임정 관련

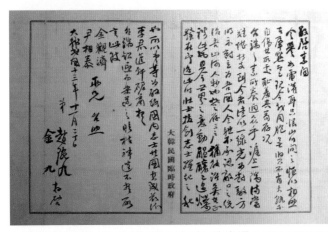

| 김관제 윤상태에게 상해 임정의 조완구 김구가 보내 안부문 (2019년 양산시립박물
관 특별기획전」 도록 중에서, 원소장처는 동아대학교 석당박물관)

김관제와 김창숙이 상해 임시정부 이시
영에게 받았던 안부 서간문
(『2019년 양산시립박물관 특별기획전』 도록
중에서, 원소장처는 동아대학교 석당박물관)

이교재는 창원 출신으로 3·1운동 참여했고, 임정 군자금 모집과 경상남북도 대
표를 위임 받음 (창원시립마산박물관 소장)

이석윤은 통도사 학생으로 1919년 10월에 독립자금을 모집하다가 체포당함
[매일신보] 1919년 12월 22일

│ 1932년 창녕의 성낙문이 상해 임시정부 이동녕에게 받았던 서간문 (『2019년 양산시립박물관 특별기획전』 도록 중에서, 원소장처는 동아대학교 석당박물관)

│ 1931년 황상규의 죽음을 애도하며 상해 임정에서 보낸 조문 (『2019년 양산시립박물관 특별기획전』 도록 중에서, 원소장처는 동아대학교 석당박물관)

3) 신간회

│ 명도석은 창원 출신으로 3·1운동 참여했고, 민립대학 설립 참여했으며, 신간회 마산지회 지회장 등을 역임 [매일신보] 1923년 3월 20일

| 배종철은 김해 출신으로 신간회 김해지회 집행위원장, 1932년 박간농장 소작
쟁의 간여(앞줄 왼쪽 두 번째가 배종철, 김해시 소장)

| 박태홍은 진주 출신으로 1920년대 농민·노동 운동에 참여했고, 1930년대 신
간회 중앙집행위원으로 활동 [시대일보] 1924년 4월 1일

194

4) 문화

옥기환은 마산 출신으로 1907년 마산노동야학을 비롯하여 지역의 교육활동에 적극 참여했고, 1920년에는 원동무역주식회사를 설립 [중외일보] 1927년 6월 15일

안확은 마산 창신학교 선생으로 조선국권회복단 마산지부장, 신천지사 편집인 등을 역임한 학자이자 독립운동가 [매일신보] 1930년 2월 11일

이극로는 의령 출신으로 조선어사전 편찬과 한글 맞춤법에 간여했고, 조선어학회에서 활동 (창신고등학교 소장)

1937년 이극로의 가족(창신고등학교 소장)

이윤재는 김해 출신으로 마산 창신학교와 의신여학교의 교사였고, 3·1운동 참여했으며, 흥사단에 가입하고, 조선어사전편찬회를 조직 [매일신보] 1920년 6월 6일

| 정세권은 고성 출신으로 물산장려회에 참여하여 서울지회를 설립했고, 신간회 활동을 했으며, 조선어학회 사무소 건물 및 부지 제공 [매일신보] 1935년 7월 13일

5) 여성 독립운동가

일제에 의해 조선의 국권이 강탈당하자 경남 출신의 여성들도 남성들 못지않게 국내외의 다양한 분야에서 민족 해방을 위해 노력하였다. 2020년 2월 현재까지 경남지역에서 독립운동으로 서훈을 받았던 여성들은 총 24명인데, 그 구체적 명단은 아래의 표와 같다.

〈표 1〉 경남 출신 여성독립운동가 서훈 현황(2020.02.17. 현재)

이름	운동계열	본적	이름	운동계열	본적	이름	운동계열	본적
강명순	국내항일	하동	구명순	3·1운동	김해	김계정	국내항일	하동
김금연	학생운동	밀양	김두석	문화운동	마산	김복선	3·1운동	김해
김봉애	3·1운동	마산	김응수	3·1운동	통영	김조이	국내항일	창원
김필수	국내항일	김해	남남덕	국내항일	창녕	박금우	미주방면	마산
박덕실	국내항일	진주	이금복	국내항일	고성	이명시	3·1운동	합천
이소선	3·1운동	통영	정자금	학생운동	하동	정막래	3·1운동	통영
제영순	국내항일	하동	조복금	국내항일	하동	주순이	국내항일	통영
천소악	학생운동	마산	최봉선	국내항일	마산	홍남순	3·1운동	하동

그들의 활동 계열을 살펴보면 국내항일운동이 11명, 3·1 운동이 8명, 학생운동이 3명, 문화운동 1명, 미주방명 1명이었다. 지역별로 보았을 때는 하동 6명, 마산 5명, 통영 4명, 김해 3명, 고성·밀양·진주·창녕·창원·합천 각각 1명씩이다. 여성 독립운동가들 중에는 개신교를 신앙하고, 근우회와 관련하여 활동한 사람들이 많은 편이었다.

국내항일에 참여했던 사람들 중에 창원의 김조이는 경성여자고학생상조회에 참여하였고, 1924년 6월에는 정치적 동지인 조봉암과 결혼하였다. 1925년부터 경성여자청년동맹에서 집행위원으로 활동하였고, 러시아 모스크바 동방노력자 공산대학에 유학하여 1928년 졸업하였으며, 그 후로 국내 사회주의 운동에 참여하였다. 김해의 김필수는 1926년 중앙여자청년동맹을 조직하였고, 김조이처럼 러시아 공산대학에서 수학하고 1935년부터 조선공산당재건운동에 참여하였다. 마산의 김명시(金命時)는 비록 서훈을 받지 못했지만 '조선의 잔다르크'로 불릴 정도였다. 그녀는 고려공산청년회 회원으로 김조이와 함께 러시아 공산대학에 유학하였고, 귀국하여 1930년에 재만조선인반일본제국주의동맹 결성에 참여하였으며, 조선의용군 지휘관으로도 활약하였다.

진주의 박덕실은 1919년 혈성단(血誠團) 조직에 관여하였고, 대한애국부인회 등의 회원으로 독립운동자금 모집에, 1923년부터 삼가여자야학 등 교육사업에 참여하였고, 1928년에는 근우회 진주지회에서 활동하였다. 하동의 제영순은 근우회 하동지회의 설립에 참여하였고, 이후 부산의 조선방

직회사 직공으로 노동운동에 참여하였으며, '조선공산주의
자재건협의회'사건에 연루되어 체포되기도 하였다. 하동의
김계정도 부산의 조선방직회사 직공으로 1931년에 부산총
파업에 동참하였다. 하동의 조복금 역시도 근우회에서 활동
하였고, 부산에서 노동운동에 동참하였다.

3·1운동에 참여했던 사람들 중에는 통영의 기생인 이소
선·정막래가 기생단을 조직하여 만세운동에 적극 참여했던
것이 주목된다. 이외에도 비록 서훈을 받지 못했지만 진주
에서도 3월 19일에 대한제국의 국기를 들고 만세에 참여했
던 기생들 중에 주모자 6명이 검속되었던 것도 있다.

학생운동에 참여했던 밀양의 김금연은 광주(光州)를 중심
으로 활동했으며, 1029년 11월 광주학생운동이 발생하자
주도적 역할을 하였다. 하동의 정금자는 진주 일신여자고등
보통학교에 재학 중이던 1930년에 1929년에 있었던 광주학
생운동에 동조하여 일어났던 진주지역 학생시위에 참여하
였다.

이외에도 서훈을 받았던 통영의 기생 주순이나 서훈을 받
지 못했지만 여자야학·양산근우회·양산농민조합 등에서 활
동했던 권은해, 근우회에서 활동했던 진주의 한신광 등이
있다. 뿐만 이니리 1933년 일본 미쓰비시에서 설립했던 진
해동양제사에서 여공들이 '10시간 노동'·'최저임금 25전'·
'차별금지'·'구타폐지' 등을 내걸고 파업했던 것도 주목할 필
요가 있다.

김금연은 밀양 출신으로 1929년 광주학생운동에 참여
[중외일보] 1930년 7월 5일

│ 김명시는 마산 출신으로 모스코바 공산대학을 졸업했고, 중국공산당 및 조선의
용대에서 활약 [매일신보] 1932년 8월 29일

│ 김조이는 창원 출신으로 국내 대표적 여성 독립운동가 [매일신보] 1932년 2월 2일

| 김조이가 진해 웅천에서 남편 조봉암과 찍은 기념 사진(뒷줄 오른쪽이 조봉암과 김조이, 김씨박물관 소장)

| 김필수는 김해 출신으로 근우회 경성지부 설립을 준비했고,
1928년 근우회 중앙집행위원으로 활동 [중외일보] 1928년 2월 23일

| 이금복은 고성 출신으로 적색노동조합과 적색농민조합에 활동하여 삼천포 치유법 위반 사건으로 징역 1년 [조선시보] 1939년 9월 3일

| 제영순 조복금은 하동 출신으로 근우회 하동지부에 참여했고, 부산 적색 노조사건에 관여 [중외일보] 1931년 12월 3일

| 최봉선은 마산 출신으로 3·1만세운동에 참여했고, 통영에서 친일파 성토 시민대회 개최
[매일신보] 1927년 12월 12일

6) 종교

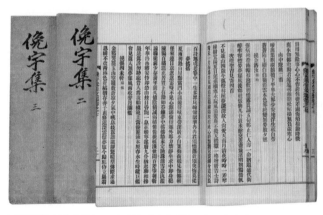

| 곽종석은 산청 출신으로 1919년 파리장서운동 때 유림의 대표 (거창박물관 소장)

204

| 광무황제 서거 후에 자결한 거창의 유생 연호 이주환의 초상 (거창박물관 소장)

| 이주환이 자결 때 사용했던 자귀 (거창박물관 소장)

| 김우림은 산청 출신으로 파리장서운동의 중심 인물이고, 김창숙과 연계해 군자금 모집했으며, 후진을 양성 [매일신보] 1928년 8월 9일

| 백초월은 고성 출신으로 명진학교장과 한국민단부장을 역임했고, 상해 임정의
지원을 위한 군자금 모집 (국사편찬위원회 소장)

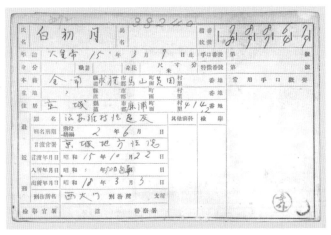

| 백초월 (국사편찬위원회 소장)

| 윤세복은 밀양 출신으로 1918년 무오독립선언에 참여했고, 대종교 3세 교주로
활동 [시대일보] 1924년 4월 12일

| 주기철은 창원 웅천 출신으로 마산 문창교회와 평양 산정현교회에서 목회했고,
신사참배를 거부하여 파면 [매일신보] 1939년 12월 20일

| 주기철이 평양 산정현교회에서 목회할 때 (앞줄 왼편에서 네 번째, 주기철목사기념관 소장)

| 손양원은 함안 출신으로 여수 애양원에서 봉사했고, 신사참배 거부로 구속되었다가 광복 후에 출옥 (주기철목사기념관 소장)

7) 기타

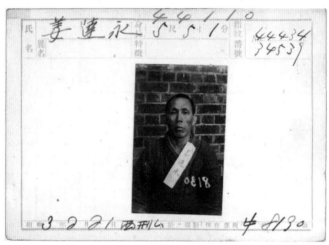

| 강달영은 진주 출신으로 3·1운동 참여했고, 제2차 조선공산당 책임비서로 활동했으며, 6·10만세운동을 준비하다 체포 (국사편찬위원 소장)

| 강달영 (국사편찬위원 소장)

| 배중세는 창원 출신으로 의열단 창단 때 참여하여 김원봉과 무력 투쟁을 했고, 국내에서 군자금 모금 [매일신보] 1923년 1월 11일

| 배중세 [매일신보] 1926년 12월 20일

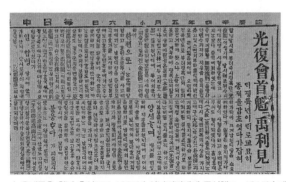

| 우재룡은 창녕 출신으로 1907년 산남의병대에 투신했고, 1915년 대한광복회를 결성했으며, 1920년부터는 독립운동자금 수합 활동 [매일신보] 1921년 6월 11일

해외에서 경남지역 출신의 항일 독립운동 활동도 활발하였다. 3·1운동의 촉매제가 되었다고 볼 수 있는 '무오독립선언'에 밀양의 손일민·윤세복·황상규 등 3명이 참여하였다.

3·1운동 직후에 중국 상해에서 공식 출범한 대한민국임시정부, 비밀결사체로 1920년대 국내외 항일무장투쟁에 활발히 참여했던 의열단, 1938년 창설된 조선의용대 등에도 경남지역 사람들이 적극 참여하였다. 양산 출신의 윤현진은 상해 임정의 초대 재무장관으로, 밀양의 김원봉·김상윤·윤세주·이성우·한봉근·한봉인·윤치형·황상규과 창원의 배중세(배동선)는 의열단원으로 활동하였고, 통영의 이종건은 조선혁명당에, 진주의 장두관은 청산리 전투에서 참가하였다.

그 외에도 일부 사람들은 태평양 건너 미국에서 대한인국민회·흥사단·조선민족혁명당 등의 회원으로 활동하며 군자금을 모금하여 상해 임시정부를 지원하였다. 의령의 최광은 1910년 러시아로 망명한 이래 대한인국민회 시베리아지방총회에 적극 참여하였고, 창원의 김인수는 1920년에 미국으로 건너가 대한인동지회에서 활동하며 해방 때까지 독립운동자금을 모집 제공하였으며, 남해의 김동우는 미국으로 건너가 흥사단 단원과 샹회(샌프란시스코) 서기로 활동하였다. 또한 마산의 박금우는 1936년 미국 하와이에서 영남부인실업동맹회장으로 활동하며 해방 때까지 독립운동자금을 지원하였다.

이상을 통해서 알 수 있듯이 일제에 강탈당했던 조선의 국권은 표면적으로 1945년 연합군의 승리로 주어진 것처럼 보이지만 실제로는 국권 회복을 위한 조선인의 시종일관된 국내외 활동도 큰 역할을 하였다. 그 속에는 경남지역 인사들의 피와 땀도 함께 깃들어 있다.

| 고인덕은 밀양 출신으로 의열단을 조직 최경학에게 폭탄을 전달하여 밀양포탄 투척사건을 가능하게 함 [조선시보] 1921년 3월 24일

| 강홍렬은 합천 출신으로 3·1운동 참여했고, 의열단에 입단했으며, 광복 때까지 임정 경남 내무부장 활동 [매일신보] 1924년 2월 5일

| 구여순은 의령 출신으로 3·1운동에 참여했고, 의열단에 가입했으며, 1941년 경남 고성에서 고려구국동지회 조직 [매일신보] 1924년 2월 15일

김동우는 남해 출신으로 탑골공원 만세에 참여했고, 미국으로 건너가 흥사단 단원으로 활동하며 상회(센프란시스코) 서기 담당 [신한민보] 1923년 4월 5일

김성수는 밀양 출신으로 3·1운동을 주도했고, 중국으로 망명하여 의열단 입단했으며, 남화한인청년연맹을 조직하여 1933년에 주중일본공사를 폭살하려다 체포 (국사편찬위원회 소장)

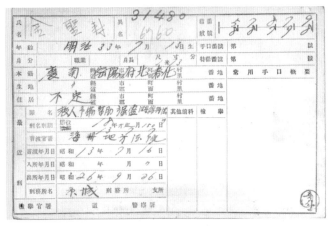

| 김성수 (국사편찬위원회 소장)

| 대정 13년(1924)에 작성된 의열단원 (오른쪽 중국 복장을 한 사람이 김원봉, 국사편찬위원회 소장)

| 김원봉이 동경에 침입한다고 하여 경시청에서 긴장 [매일신보] 1924년 1월 14일

| 손일민은 밀양 출신으로 무오독립선언서에 서명했고, 광복회를 조직했으며, 임정 임시의정원 상임위원 [매일신보] 1922년 3월 17일

| 윤세주는 밀양 출신으로 3·1운동에 참여했고, 의열단에 입단했으며, 1942년 태항산 전투에서 전사 [매일신보] 1921년 3월 5일

윤현진은 양산 출신으로 대동청년단을 조직했고, 3·1운동에 참여했으며, 1919
년 임정 의정원 의원으로 선출되어 초대 재무차장 (『2019년 양산시립박물관 특별기획
전』 도록 중에서)

이종건은 통영 출신으로 1910년
만주로 망명했고, 1922년 통의부
결성에 참여했으며, 1929년 조선
혁명당에서 활동 [중외일보] 1928년
8월 18일

최수봉은 밀양 출신으로 의열단에 가입했고, 밀양경찰서에 폭탄을 투하하고 자
살을 시도 [매일신보] 1921년 2월 13일

217

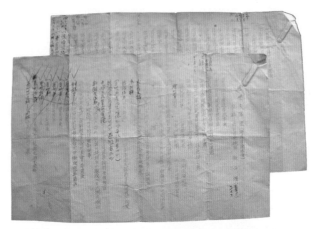

| 장두관은 진주 출신으로 청산리 전투 등에 참전했다는 그의 경력 및 약력
(청강스님 소장)

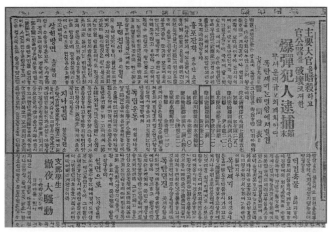

| 황상규는 밀양 출신으로 무오독립선언서에 서명했고, 3·1만세운동 참여했으
며, 의열단을 조직하고 신간회 중앙 간부로 활동 [매일신보] 1920년 7월 30일

경남독립운동소사 초고 제2편 밀양읍의 일부

해방이후 독립운동에 대한 기억
: 광복20주년, 『경남독립운동소사』의 편찬 _ 안홍좌

Ⅴ. 해방이후 독립운동에 대한 기억
: 광복20주년, 『경남독립운동소사』의 편찬

1. 저자, 변지섭(卞志燮)

"이 책을 삼가 나의

아버지와

어머니의

영전에 바치나이다."

저자의 아버지는 변상태(卞相泰, 1889~1963)이다. 변상태는 독립운동가였다. 선생의 활동은 『경남독립운동소사』(이하 『소사』)에도 잘 나타나 있다. 1910년 부산상업학교 3학년에 재학 중 조선이 일제에 강제병합되자 최기택 등 6인과 더불어 조국독립을 위해 함께 죽기로 결심하고 '대붕회(大鵬會)'를 조직했다. 1915년 독립쟁취를 목적으로 국내 독립 세력과 해외 독립 운동 세력을 연계했던 '조선 국권 회복단(朝鮮國權恢復團)' 결성에 참여했다. 1917년에는 안희제, 박중화 등과 함께 비밀결사 '대동 청년단(大同靑年團)'에 가입했다.

3·1운동 때는 경남서부지역에서 중요한 역할을 담당하였다. 1919년 2월 23일경 대동청년단의 이시영, 김관제 등

과 함께 서울로 가서 만세운동
에 참가한 뒤 귀향하면서부터
이다. 4·3삼진 의거를 주도했
다. 4월초부터 상해 임시정부
에 군자금 1만 5,000원을 송금
하기도 했다. 1922년 일경에 의
해 체포투옥되어 3년동안 감옥
생활을 했다. 1944년 진주에서
이주현, 구여순 등과 함께 '고려
구국동맹회'을 조직했다. 1963

| 경남독립운동소사 상, 삼협인쇄사
1966년, 앞 표지

년 대통령 표창, 1990년 건국훈장 애족장이 추서되었다.

변지섭(1926~1999)은 1926년 지금의 창원시 마산합포구 진
전면에서 태어났다. 창원지역에서 서예가로 저술가로 활
동했다. 1985년 진주고등학교에서 명예졸업장을 받았다.
변지섭은 진주중학교(현 진주고등학교) 5학년에 재학 중이던
1944년 지금의 진주시 옥봉동 불교포교당 야학 교사로 활동
하고 있었다. 일본 교육은 노예 교육이라고 낙서를 한 것이
문제가 되어 퇴학당하고 일본 탄광으로 강제 징용되었다.
하지만 변지섭은 유공자가 되지 못했다.

1993년 단편소설「결혼만세」로 문단에 등단하였고, 1972
년부터 1985년까지 열한 차례 서예 개인전을 열었다. 1965
년『경남독립운동소사』를 편찬했고, 1994년『축성장군 최윤
덕』을 저술했다. 1999년에는 1963년 타계한 아버지 변상태
의 유고 중에서 한시를 모아 번역하고 주를 달아 엮은『우수

와 분노』 등을 편찬하기도 했다.

2. 광복20주년, 『경남독립운동소사』의 편찬

『소사』가 편찬된 1965년은 광복 20주년이다. 을사조약 60
주년이기도 했던 1965년, 국민들의 격렬한 시위와 반대에도
불구하고 한·일국교정상화가 이루어졌던 해이기도 하다.
  필자는 만세시위를 비폭력 저항이라 규정하고, 일본이 말
하는 '조선소요사건(朝鮮騷擾事件)'이라는 것을 부인했다.

  "33개소의 예외를 제외하고는 전혀 난폭한 행동이라고는 표시
  된 것이 없었던 것이다. 적어도 한인측에서는 그러하였다. 그러
  므로 소요라고는 할지언정 다만 군중이 만세를 절규하고 행렬을
  지어서 행진을 한데 지나지 않았다. 그리고 이것은 어느 누구의
  선동(煽動)을 받아서 한 것은 아니오. 각자가 억누르고 애쓰다가
  억누를 수 없는 마음을 지니고 모여서 맨주먹으로 대한독립만세
  를 외친 것 뿐이었다.…산더미 같은 사람들이 경찰서 앞에 몰려
  가서 스스로 속박되기를 강요하였고 어린 남녀학도들은 빈주먹으
  로 총검을 바라보고 돌진하여 갔다." "한 행렬이 해산을 당하면 다
  음 행렬이 돌진을 하고 일병의 칼끝과 총부리 아래서 멈추지 않고
  만세를 외치고 태극기를 휘두르며 앞으로 앞으로 걸어나갔다."

  비폭력 저항에 일제는 잔학무도했다. 만세를 부르는 조선

사람들에게 구타, 포박, 악형, 살상을 저질렀다. "일경이나 일병들은 피에 굶주린 이리 떼처럼 붉은 피를 뒤집어 쓰고 뛰어다니면서 혹은 칼로 베고 혹은 창으로 찌르고 발길로 차며 수없이 한인들을 학살하였다. 그러나 군중들은 더 한층 맹렬히 만세를 우렁차게 절규하였던 것이다."

이 책을 쓴 것은 1965년이다. 해방 20주년이다. 만세운동으로부터 46년만이다. 을사늑약이 맺어진 60주년이기도 했다. 1965년은 학생들과 국민들이 반대했던 한일국교정상화가 이루어진 해이다.

저자는 당시를 한탄했다.

"거리에는 왜식 뒤굽없는 신-조오리-를 끌고 다니는 남녀의 모습, 왜유행가를 부를 줄 아는 것을 자랑으로 삼고 고성방가하는 자세, 왜화(倭畵)와 왜소설의 표절 등, 나아가서는 한일조약의 조인을 기회로 경제적 침략을 노리고 혈안이 되어 있는 일인의 향도가 되어 그들의 자본을 유치하기에 정신을 망각한 일부의 무리들, 왜풍은 지금 우리나라를 휩쓸고 있다."

이들이 3·1운동 당시의 그 어른들의 자손이냐며 울분을 터트렸다. 이러한 상황이 『소사』를 쓰게된 연유였을 것이다.

물론 독립운동에 대한 책을 집필하게 된 계기는 아버지, 변상태에게서 비롯되었음은 의심의 여지가 없다. 필자의 아버지 변상태는 "일찍이 해방 직후부터 민족정기의 영전(永

傳)을 위하여 내고장 경남 일원의 독립운동사료의 수집에 뜻
을 두시고 만3년이라는 세월을 경남과 기타 각처를 주력(周
歷)하시어 옛 동지도 찾고 또한 그 당시의 주동인물과 관련
자를 두루 역방(歷訪)하여 사료를 모으셨다." 하지만 이러한
일은 쉽지 않았다. "세상의 변동으로 당시의 인사들은 사망
또는 각처로 이산하여 하나의 사건을 밝히기 위하여는 한
곳에서의 조사만으로서는 불가능하였으며 각처를 연전(延轉)
하여 일일이 검토를 가하지 않으면" 안 되었던 것이다.

아버지로부터 물려받은 자료들이 아들 변지섭의 손을 거쳤
다. 다시 검토하고 또한 문옥(文獄)도 손 미치는데 까지 상고
하여 아버지께서 별세하신 1주기를 목전에 두고 비로소 탈고
하였으며, 그 2년을 지나서 겨우 시판(始版)에 들어갔다.

저자는 독립운동가의 자손들에 대한 애달픔도 표현했다.
자신에 대한 한탄이기도 했을 것이다. "한국의 광복을 본
지 이미 20년이 경과하였지마는 그 때의 거센 여파는 아직
도 당시 희생된 선인들의 유족들에게 밀어 닥치고 있다. 그
들은 피살되었거나 반신불구가 되었거나 또는 망명하였거나
간에 가산을 돌볼 여유가 없었고, 있는 가산도 독립운동자
금으로 탕진하였기에, 가난해진 그 자손들은 남과 같이 배
우지도 못하였고 그러므로 호구지책도 제대로 마련하지 못
한 채 금일에는 거의 모두가 영세화하여 아무도 돌보는 사람
이 없는 가운데 나날의 생계를 걱정하고 있는 실정에 있다.
그들을 만났을 때나 소식을 전문(傳聞)했을 때 눈시울이 뜨거
워짐은 피차의 처지가 같은 때문이라고나 할까?"라 했다.

아버지 1주기에 탈고되었지만, 출판비가 여의치 않아 2년 뒤인 1966년 8월에 책으로 엮어졌다.

아쉬운 점은 남는다. 필자는 이 책을 상하 양권으로 나누어 집필하려 했다. 상권은 3·1의거록과 지사열전(志士列傳)을 수록하고 하권에는 지사열전 속편과 독립운동단체의 활동을 수록할 예정이었기 때문이다. 참고한 문헌도 적지 않으나 그러나 무엇보다도 현지 답사와 지사들로부터 얻은 지식이 많았다고 부기하였다. 열전의 순서는 자료의 수집관계로 일정한 차례가 없다고 밝혔다.

필자가 『소사』편찬에 활용한 자료는 다음과 같다.

〈표 1〉 『소사』편찬 활용 자료

• 황순주가 변지섭 선생에게 책의 오류를 전하는 편지.
• 1963년 충무 진평헌이 변지섭 선생에게 보낸 자료 관련 편지.
• 마산 3·1독립운동사 약술.
• 김해 녹산 조정환, 조성환 약력.
• 이영국씨가 대구·서대문 감옥 동지의 명단을 보낸 것.
• 고성군 약사, 윤영백 약력을 보내 온 것.
• 최천택이 보내 온 대구법원 판결자 명단.
• 함안 조용근이 보낸 '함안 독립운동 실록' 및 편지(갑오)
• 1961년 '가칭 독립운동자 동인회' 취지문.
• 1962년 조계종 총무원에서 제출한 '김상호 선생 사적'.
• 대정 8년, 안지호 등에 대한 마산지원 판결문 복사물.
• 장안면 및 창원사건 대공판(동아일보, 1920.6.10일).
• 卞相憲의 이력서
• 하동 李元烈의 약력
• 진주 남성동 張斗爟의 이력 및 경력
• 박순천의 약력서.
• '군북 3·1독립운동 열사현황'
• 尹永百, 許判道, 曺正煥의 약력

| 1963년 변지섭이 독립운동소사를 편찬할 때 통영의 진평헌이 보낸 편지

| 하동 이원열의 약력을 정리한 것

내용은 1·2부로 구성되어 있다. 1부는 경남 각처의 의거록이며, 2부는 경남의 애국지사이다. 1부에서는 당시 경남도에 속했던 울산과 부산, 동래, 기장을 포함하여 각지에서 일어났던 의거에 대하여 서술하고 있다. 창원군의 경우는 천가면 가덕진, 웅동면, 창원구읍으로 나누어 서술했다. 하동군 의거에 대해서도 하동내 지역별 의거를 상세하게 기록하고 있다. 하동 읍내의거, 진교면의거, 화개면의거, 금남면의거, 고전면의거, 북천면의거 옥종면의거이다.

2부의 애국지사에는 이주환 지사 등 29명의 지사를 실었다. 안효제, 안희제, 구여순, 허재기, 조재학, 곽종석, 안지호, 문태수, 최병찬, 조계승, 김응수, 한봉근, 박재혁, 최수봉, 고인덕, 김용호, 윤현진, 윤영길, 정재규, 변봉금 여사, 이교재, 최천택, 이주현, 변상태, 김상호, 구자호, 이기주, 홍수원이다.

이와같은 내용을 기술하기 위해 필자는 각지에서 자료를 수집하였다. 관계자와 지인들로부터 많은 자료를 수집하였는데, 그 자료들이 아직 남아있다.

〈표 2〉 3·1만세시위 지역별 현황

지역	시기	활동내용과 참여인물	
창원군 진동면 고현시장 및 삼진 의거		○변상태는 대동청년단의 연락을 받고 2월 하순에 상경하여 3·1운동에 참가후 창원으로 내려옴 ○3. 28 고현시장 의거 ○4. 3 삼진 의거 피살자(8의사: 김수동,변갑섭,변상복,김영환,고앙주,이기봉,김호현,홍두익)	

지역	시기	활동내용과 참여인물	
마산부 의거		○김관제는 서울 3·1운동에 참가한 후 3월 5일에 마산도착하여 이형재와 김용환을 만나 독립만세의거를 전함 ○3. 10: 이형재와 김용환은 명도석, 최용규, 이정찬과 더불어 추산사정(騶山射亭)에서 거사 ○3. 20: 12시 정각 마산부 의거 – 김용환, 최용규, 이정찬, 박순천 등 옥고를 치름 ○1921. 2 이정문, 박병수, 강종문 등이 청산리전투 승전보 배부하다 1년형을 언도받음 ○1922. 이정문 등 5인은 형기를 마친후 마산부 수도산 꼭대기에 태극기를 게양하고 독립만세를 외치다 다시 1년형을 언도받음.	
창원군 천가면 가덕진 의거		○4. 13 가덕진에서 만세시위, 최세권, 김동원, 김실이 등이 체포되어 복역함.	
창원군 웅동면(구웅천군) 의거		○4. 3 주기용(계광학교 직원)등이 웅동면사무소 앞뜰에서 만세시위: 주기용, 이부근, 김일성 등이 체포되어 복역함.	
창원구읍 의거		○4. 7 설관수는 독립선언서를 공도수로 하여금 등사하게 하여 배포, 창원읍시장에서 의거: 설관수, 공도수, 조윤호 등이 6개월의 형을 복역함.	
구단성군(산청군) 단성면 의거		○3. 13 김상준, 김기중, 윤치현 등이 단계시장에서 만세시위하려다 도중 발각됨. 2~3일 이후 김영숙, 정태윤, 권숙린, 김선림 등이 의거를 일으킴. ○3. 21 단성장날 의거: 김영숙부자와 정태윤, 권숙린이 모의함(피살자: 정문수 등 11인, 김영숙, 권숙린 등은 체포되어 복역함.	
산청 읍내 의거		○오명진은 동경유학하다 돌아와 민영길, 신영희, 오원탁 등 6명과 결사대를 조직하고, 의거를 모의하다 산청군수의 고발로 체포됨.(오명진 등 7인은 8개월 형을 받고 복역함) ○3. 22 오명진 등이 체포되었으나 의거는 진행됨.	
진주읍 의거		○3. 18~25 이강우, 김재화, 권채근, 강달영, 박진환의 5인이 의거를 주도함. 김재화(2년6개월) 등이 형을 받고 복역함.	

228

지역	시기	활동내용과 참여인물	
진주군(진양) 정촌면 의거		○3. 18 강재순, 이종언, 김종각, 강한순, 허현, 이종열 등과 함께 의거를 일으킴. 5,000여 명이 참여함. 이종열은 2년형으로 복역하고, 강한순은 체포되었다가 도피함.	
함양읍 및 구안의읍 의거		○3. 23 김한익은 안의읍에서 만세 시위하다 검거 ○3. 27 정순길과 윤보현, 노경식 등이 의거를 일으키다 체포됨 ○4. 2 함양읍 장날 의거: 헌병대의 발포로 하승현은 피살됨. ○4. 5 안의읍 의거 발생. 임채상과 최석용이 주도하다 체포됨.	
거창군 가조면 의거		○3. 20~22 김병직과 어명준의 주도로 의거가 일어남: 신문구 등 4인이 피살됨. 김병진과 어명준은 3년형을 받고 복역함.	
합천읍 및 합천군 대양면 의거		○3. 14 합천면의 주경천 등 12인이 주도하다 체포됨. ○3. 15 심재현 등 결사대 12인을 선두로 하여 의거함. 김용기, 추용만은 피살됨. 심재현은 3년형을 언도받음.	
합천군 야로 의거		○3. 23 박남권의 주도로 의거발생. 박남권 체포되어 2년형을 언도받음.	
합천군 묘산면 의거		○3. 22 윤병석,윤병양 등이 의거를 주도함. 일제의 발포로 윤병하, 윤병교가 피살됨.	
구삼가군(합천군) 대병면 의거		○3. 10 권영두, 정시권, 유인수 등이 거사를 주도함.	
구삼가군 쌍백면 의거		○3. 18 정현하, 이기복, 정인표 등이 의거를 주도함. 정인표 등이 체포됨 ○3. 23 쌍백면내에서 의거가 일어남. 공사겸, 정원규, 진택현, 오영근, 정치규 등이 주도함	
구삼가군 가회면 의거		○3. 23 시위대는 삼가읍에서 강연회를 개최함. 김전의, 김달희 등이 연설함. 윤성 등 9명이 피살됨.	
구초계읍 의거		○4. 20 이원화, 성만영, 김덕명, 권국서 등 주도함. 주재소와 우편국 습격: 김장배 피살됨. 이원화 등은 체포되어 투옥됨.	
의령 읍내 의거		○3. 14~15 구여순, 정용식, 최정학, 이우식, 김봉연 등이 주도함. 100여 명 체포됨. 구여순 등 30여 명은 재판을 받고 투옥됨.	

지역	시기	활동내용과 참여인물	
의령군 부림면 신반 의거		○3. 15 의령 읍내 2차의거와 함께 정주성, 최한규, 장용한, 황상환 등 주도함. 정주성 등은 체포되어 옥고를 겪음.	
함안 읍내 의거		○3. 19 이희석, 조태식, 이재형 등이 주도함. 함안군수 민인호로 하여금 선두에 세워 독립만세를 외치게 함. 60여 명이 체포됨. 안지호는 복역중 순절함.	
함안군 군북 의거		○3. 20 조상규, 조용효, 이재형, 조정래, 조성규 등이 주도함. 일제의 잔혹한 진압으로 조용효 등 20명이 피살됨.	
구칠원읍 의거		○4. 3 손종일 등 주도함 ○4. 8 손종일 체포되어 1년 복역함. ○4. 13 제3차의거	
구영산읍 의거		○3. 13 김추은 등 23명이 결사대조직하여 의거 주도함. 결사대원들은 체포되어 투옥됨.	
밀양 읍내 의거		○3. 13 전홍표, 윤세주, 윤치형 등이 주도함. 윤세주와 윤치형은 도피하여 의열단원이 됨. ○4. 2 밀양소년단원인 밀양공립보통학교의 학생 400여 명이 단원 윤태선의 인솔하에 의거함. 어린 주모자들이 체포됨.	
밀양군 표충사 의거		○4. 4 승려 구연운과 이학수, 오응석 등 주도함. 이학수 등 주모자 체포됨. 이학수는 7년형을 언도받음	
고성군 구만면과 회화면 의거		○3. 20 최정원, 허재기 등이 주도함. 회화면 배둔으로 행진함. 허재기가 작성한 '한인관리퇴직권고문'을 면사무소 정면에 부착함.	
고성 읍내 의거		○3. 22 배만두, 이상은, 김상욱 등 주도함. 17일 의거계획이 있었으나 배만두의 체포로 실패함. 이상은이 기독교 측과 함께 의거함.	
사천읍 의거		○3. 21 사천보통학교 학생의거. 임순백, 윤수상, 김성언, 이윤조 등이 주도함. 사천보통학교 졸업식때 의거하기로 함. 학생들이 체포되어 투옥됨. ○3. 21 학생의거 10여일 후 유승갑과 손계묵이 선두에서 만세시위하며 사천읍으로 향함.	
삼천포 의거		○3. 25 박종실, 김우열, 강금수, 장지린 등이 주도함. 25일은 삼천포보통학교 1회 졸업식	

지역	시기	활동내용과 참여인물	
남해군 설천면 의거		○4. 3 정순조, 정학순, 정몽호, 이주순 등 주도함. 정학순과 유찬숙은 복역중 순절함.	
하동군 하동 읍내 의거		○4. 3 적량면장 박치화가 사표를 내고 시장에서 혼자서 독립만세를 외침. 박치화 체포됨 ○4. 7 정성기, 정선기, 이경호 주도로 시위행진함 ○4. 12 정세기 등이 거시함 ○4. 17 하동보통학교 학생 십수명이 만세시위함	
하동군 진교면 의거		○4. 14 이홍식, 정재백, 정재기 등이 진교장날 시위함	
하동군 화개면 의거		○4. 16 이정수, 이정철 시위함. 체포되어 복역함.	
하동군 금남면 의거		○4. 3 정낙영, 정재운, 정희근, 이범호 4인이 시위하여 진교까지 행진함. 다음날 남해읍까지 원정시위함. 체포 투옥됨.	
하동군 고전면 의거		○4. 16 일신단(一身團)이 주도함. 일신단은 박영묵을 33인을 규합하여 조직한 단체로서 생사를 같이할 것을 서약함. ○4. 21 주교시장 제2차의거. 추홍순은 시위하다 체포됨	
하동군 북천면 의거		○4. 15 이재기가 면민 천여명을 모아 시위함. 문공학은 주재소 습격함.	
하동군 옥종면 의거		○4. 18 하일로, 최인우, 정화수 등이 주도하여 문암장날 의거함.	
통영읍 의거		○3. 15 김두옥, 강윤조, 장찬숙 등이 주도함. 충렬사 세병관에서 만세시위함. 진평헌 등이 체포되어 복역함. 이성철, 이학이, 허장완은 옥중에서 순철함.	
양산 읍내 의거		○3. 12 이기주, 엄주태, 김병건, 이귀수, 정주봉 등이 주도함. 2,000여명의 군중이 만세시위함. 엄주태 등이 체포되어 투옥됨.	
김해군 김해읍 의거		○3. 29 배동석, 배덕수, 송세희 등이 주도함. 30일에도 시위함. ○4. 2 읍내장날을 이용하여 벽보를 붙이고 의용대를 조직함.	
김해군 장유면 의거		○4. 2 김종환, 최현호, 이규조, 이강석 등 주도함. 장유면 무계시장에서 수천명이 시위함.	

| 경남독립운동소사 초고 제1편 진동 3·1운동사건 중에서

| 경남독립운동소사 초고 제2편 표지

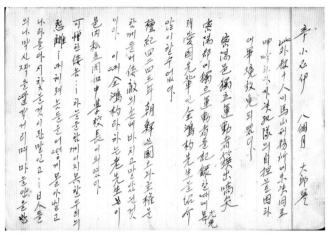

| 경남독립운동소사 초고 제2편 밀양읍의 일부

〈표 3〉 애국지사 수록현황

이름	지역	관련사건 및 활동	비고
이주환 (李柱煥, 1854~1919)	거창군 주상면	일제의 강제병합이후 두문불출하고 세금과 부역을 거부하다 경찰서에 구속되었으나 7일간 단식하다 석방됨. 고종의 죽음을 듣고 자결함.	
안효제 (安孝濟, 1850~)	의령군 부림면	1883년 과거급제, 사헌부지평, 흥해군수 등의 관직 역임. 1910년 강제병합된 뒤 두문불출하고 있었는데 일제가 은사금을 내리자 거절했음. 계속 은사금받기를 강요하므로 단식함. 1911년 11월 62세의 나이로 만주로 망명하여 67세에 세상을 떠남. 안효제의 유고집인 수파집(守坡集)과 관련된 사건이 1943년에 발생함. 수파집은 1927년에 간행된 것으로서 안효제의 애국충정이 드러나는 문집임. 이를 소지한 인사들이 검거함. 이준열사와 안중근의사의 의로움을 추모하는 글 등이 실려있음.	
안희제 (安熙濟, 1885~1943)	의령군 부림면	양징의숙 경제과졸업. 독립사금마련을 위한 백산상회설립(1914). 상해임시정부에 재정지원. 1931년 만주사변이후 백산상회를 정리하고 만주로 이주. 발해의 수도였던 동경성에 발해농장을 조성하여 동포들에게 토지를 나누어줌. 윤세복으로 하여금 대종교 총본국을 설치케함.	

이름	지역	관련사건 및 활동	비고
구여순 (具汝淳, 1896~1946)	의령군 의령읍	1919년 3월 독립선언서를 지니고 의령으로 돌아와 의령 읍내의거를 주도하다 체포되어 3년 옥살이함. 1922년 상해로 망명하여 무력에 의한 독립운동을 주장하여 의열단에 가입함. 의열단의 제3차 대암살파괴계획에 적극 참여함. 구여순은 암살용 폭탄 등을 국내로 들여오는 임무를 맡았으나 체포되어 4년형을 언도받음. 1928년 귀향한 그는 3·1운동 동지들과 함께 반제국지방단부를 조직하고 위원장이 됨. 이후 중국으로 건너갔다가 1940년 귀국함. 일본패망후를 준비하기 위하여 고려구국동맹회를 조직함.	
허재기 (許在其, 1887~)	고성군 구만면	고성군지역 3·1운동을 주도함. '한인관리퇴직권고문'을 작성함. 1926년 상해임정의 군자금모집지령서에 따라 활동하다가 체포되어 1년여개월 언도받음. 출옥후 '저연(苧蓮)학당' 개설하여 인재양성.	사진첨부,'한 인관리퇴직 권고문'게재
조재학 (曺在學)	의령군 화정면	면암 최익현의 문하로써 면암을 수행함. 을사의병 때 면암선생의 뜻에 따라 동지규합에 참여함. 최익현의 순절로 그의 유해를 고향으로 모셔옴. 1919년 파리장서에 서명함. 조선고사연구회를 만들어 동지를 규합하려다 체포됨.	
곽종석 (郭鐘錫, 1846~1919)	단성현	을사조약때 조약폐기와 을사오적 척결을 주장함. 파리장서운동으로 구금됨.	'파리장서' 게재
안지호 (安智鎬)	함안군 대산면	함안지역 3·1운동에 주도적으로 참여하다 체포됨. 감옥에서 죄수복입기를 거부함. 감옥에서 노령으로 인하여 기력이 쇠진했지만 병보석조차 거부하다 옥중에서 순절함.	
문태수 (文泰洙)	안의군 서상면	1907년 호남의병 백여명을 이끌고 서울로 진군함. 무주 덕유산에서 재창의함. 1919년 서상면장의 밀고로 안의헌병대에 체포됨.	
최병찬 (崔秉瓚)	의령군 용덕면	양정의숙졸업. 도지부주사로 근무하다 을사조약이후 만주로 망명. 1911년 이후 안희제와 더불어 활동함. 몸이 쇠약해 귀국하여 동래 범어사에 기거하다가 죽음.	
조계승 (曺啓承, 1880~1943)	창원군 진북면	1919년 3월 18일 함안읍 만세시위를 주도하다가, 3년형을 언도받음. 1920년 출옥후 곽인협,변상태 등과 함께 '아사동맹회(餓死同盟會)'를 결성함.	
김응수 (金應守, 1895~)	함양군 안의면	1918년 만주 봉천성으로 망명. 1920년 군사단체인 광복군총영에 자원하였고, 신의주경찰서폭파에 참여함. 이후 신의주역사를 폭파함. 경남일원에 대한 군자금 모집을 위한 비밀결사의 임무를 띠고 국내로 잠입하여 활동하다가 1921년 마산에서 검거됨. 형기를 마치고 나왔으나 일본경찰의 감시를 피할 길없어 일본으로 건너가 해방을 맞음.	

이름	지역	관련사건 및 활동	비고
한봉근 (韓鳳根)	밀양군 밀양읍	1919년 11월 9일 길림성에서 김원봉 등 13인과 함께 의열단 결성에 참여함. 한봉근은 밀양경찰서를 폭파한 최수봉에게 폭탄제조법을 가르침.	
박재혁 (朴載赫)	부산부 범일동	1920년 의열단가입. 의열단원으로서 1920년 9월 14일 부산경찰서에 진입하여 서장을 폭탄으로 사망케 하고, 그 역시 거사후 9일만에 순절함.	
최수봉 (崔壽鳳, 1894~1920)	밀양시 상남면	의열단원. 1920년 11월 18일 밀양경찰서를 폭파함. 사형선고로 순절함.	21세로 죽었 다는 것은 잘못임.
고인덕 (高仁德, 1887~1926)	밀양군 밀양읍	1918년 만주로 건너가 독립운동에 전력함. 김원봉의 무력투쟁에 뜻을 함께 하여 밀양경찰서를 폭파할 계획으로폭탄을 구입하여 밀양으로 귀향하였으나 체포됨. 1925년 경북경찰서 폭파사건으로 체포됨. 다음해 대구형무소에서 순절함.	
김용호 (金鎔浩, 1889~)	의령군 칠곡면	1919년 3월 14~15일 의령 읍내 의거참여. 일제의 국유지침탈에 대하여 군민에게 널리 알린 죄로 1년형을 언도받음. 감옥을 나와 러시아와 만주를 내왕하면서 무력독립운동단체로서 홍범도가 부단장이었던, '반제단(反帝團)'에 가입. 지방단부를 조직하였는데 부단장이 됨.	
윤현진 (尹顯振, 1893~1921)	양산읍 중부동	1918년 明治대학졸업하고 귀향하여 기독교회 청년을지도함. 양산군소비조합창설하여 번창함. 3·1운동 이후 소비조합을 위탁하고 상해로 향함. 상해임시정부에서 경상도의원, 재정분과위원장으로 선출되어 임시정부의 재정해결에 최선을 다함.	
윤영백 (尹永百)	고성군 하일면	1913년 만주 봉천성 환인현에서 '한교공회(韓僑公會)'조직하여 교포결속과 일제에 저항함. 1919년 독립만세운동 전개. 1926년 임시정부의 명으로 군자금 모집을 위해 입국함. 일제에 체포되어 3년 복역함. 1930년 출옥하여 한교공회를 재조직함. 해방후 귀국함.	
정재규 (鄭載圭)	합천군 쌍백면	을미의병에 참여함. 을사년에는 함양 남계서원에서 모여 최익현,민종식 등과 창의하려 했으나 실패함.	
변봉금여사 (卞鳳今女 史.)	동래군	만주주둔관사령관의 통역관인 최상훈의 처. 최상훈은 한일강제병합 소식을 듣고 사령관을 죽이려다 실패하고 도망함. 이에 여사는 독립운동가를 돌봄. 독립군의 어머니로 불림.	
이교재 (李教載, 1887~1933)	창원군 진전면	1919년 3·1운동으로 체포되어 2년6개월 복역함. 출옥후 상해로 갔다가 임시정부의 자금모집 등의 임무를 지니고 귀국함. 1923년 통영에서 체포되어 3년 복역함. 출옥후 다시 상해로 가다가 체포되어 2년 복역. 출옥후 상해로 갔다. 1931년 3차로 상해로 간후 임정의 내무장 조완구, 재무장 김구의 지령을 받아 경상남북도 상주대표가 되어 귀국. 군자금을 모집하다 다시 체포되어 복역중 순절함. 해방후 김구는 진전면 이교재의 묘소를 찾음.	

이름	지역	관련사건 및 활동	비고
최천택 (崔天澤)	부산시 좌천동	한일강제병합이후 '항일구국단'을 조직함. 3·1운동 때는 선언서를 등사하여 배부함. 1919년 7월 통영의거로 투옥되었던 이학이가 부산감옥에서 순절하자, 부산의 애국청년들을 동원하여 김해까지 유해를 운구하고, 다시 마산, 진동, 배둔, 고성을 거쳐 통영까지 운구함. 1920년 의열단가입.	
이주현 (李周賢, 1892~1950)	진주시 중성동	1919년 3월 중순경 고성 읍내의 동지 배만두 등 3인에게 독립선언서를 전하고 고성읍의거를 모의함. 1920년 의열단 가입. 1922년 진주의 경남도청을 비롯한 주요건물 폭파를 계획했다는 명목으로 진주경찰서에 구금됨. 1927년 서울형평대회에 경남대표로 참여함. 1944년 독립후를 준비하는 고려구국동맹회를 변상태 등 10여인과 더불어 조직함.	
변상태 (卞相泰, 1889~1963)	창원군 진전면	부산상업학교를 다니다 강제병합되자, 최기택 등 6인과 더불어 조국독립을 위해 함께 죽기로 결심하고 '大鵬會'를 조직함. 1919년 안희제 등과 함께 대동청년단에 가입함. 3·1운동때는 귀향하여 의거를 도모함. 삼진 의거 등을 주도함. 1944년 구여순 등과 함께 고려구국동맹회 조직함.	
김상호 (金相昊, 1890~)	동래군	불교에 귀의함. 3·1운동때 동래시장의거를 주도함. 이후 전국불교도의 독립운동을 위해 본부를 조직하고 전국 각 사찰 승려를 동원하여 만세운동 전개함.	
具然鎬 (구연호, 1861~1940)	진양군 지수면	일제강제병합이후 31년간 두문불출하여 자학의 생활을 지속함. 고려말 두문동 72인을 연상케함. 아들 구재서 또한 아버지의 영향으로 광복에 관심이 많아 운동자금을 내놓기도 함.	
이기주 (李基周, 1899~)	양산읍 북부동	3·1운동때 양산읍의거를 주도함. 1920년 양산청년회조직함. 신간회 양산지회 총무간사.	
홍수원 (洪秀瑗, 1896~)	진주 수정동	3·1운동과정에서 다행히 체포되지 않아, 동지를 규합하여 '혈성단(血誠團)'을 조직하여 본격적인 독립운동을 시작함. 일본경찰은 상해임시정부의 명령에 복종하는 단체로 인식함. 임정에 군자금을 조달함. 임정의 독립신문을 국내에 배포함. 2년간 복역함. 1937년 함안경찰서에 재검거됨.	증명사진 첨부

| 경남독립운동소사 초고 제2편 중에 영산 23인 결사대 명단 중 일부

| 대한민국원년 10월 11일, 1920년 대한민국 임시정부 국무원 (『2019년 양산시립
박물관 특별기획전』 도록 중에서, 5번이 양산의 윤현진)

237

『소사』의 편찬은 그 의미가 적지 않다. 독립운동에 참여했던 애국지사가 직접 자료를 수집했고, 그 자료를 바탕으로 그의 아들이 독립운동사를 편찬한 것이다. 1960년대 개인이 독립운동사를 편찬한 그 자체의 의미 또한 적지 않다. 또한 광복 20주년이던 해에 일본정부의 식민지 지배에 대한 반성이나 사과도 없이, 국민의 반대에도 불구하고 한일국교 정상화가 이루어지던 시기에 원고가 완성된 것도 그 의미가 크다.

독립운동사에 대한 관심이 높아진 것은 1960년 4·19혁명으로 민족주의와 민주주의가 고양되면서부터이다. 1960년대 국사편찬위원회가 독립운동 자료를 정리하여『한국독립운동사』전5권을 펴냈다. 1965년부터 1969년까지 만 5년 동안 매년 한권씩 출간되었다. 민족독립운동사를 체계화하고 집대성한 최초의 시도였다. '서술은 간략하게 하고 자료를 광범하게 수록한다.'는 취지 아래 각권마다 풍부한 양의 사료를 수록하고 있다.

제1권은 1904년 국권의 침탈로부터 1910년 경술국치 이전까지의 국내외의 항일운동사, 즉 의병항쟁사를 주로 다루었다. 제2권은 1910년 강제병합부터 3·1운동까지의 독립운동을 서술하였는데, 만주·노령을 비롯하여 중국대륙·미주 등지에서 이루어진 민족독립운동을 서술했다. 제3권은 3·1운동 이후부터 1931년 만주사변까지로서 3·1운동 이후

독립운동의 중추가 된 임시정부의 활동이 중심이었다. 제
4권은 만주사변 이후부터 1937년 중일전쟁 이전까지인데,
6·10만세운동·신간회운동·광주학생의거 등 국내운동을 비
롯하여 국외의 민족유일당 및 3부통합운동 등 국내외 민족독
립운동의 실상을 기술하였다. 제5권은 중일전쟁부터 조국광
복 때까지로서 일인동화정책에 대한 항거와 광복군활동 등
민족독립운동의 막바지 단계에 대하여 기술하고 있다.

국가보훈처에 의해 독립운동사편찬위원회가 구성되었
고, 독립운동의 전 분야를 분류사적으로 집대성한『독립운
동사』전10권(국가보훈처, 1970)을 간행했다. 내용은 "1.의
병항쟁사/2. 삼일운동사(상)/3. 삼일운동사(하)/4. 임시정
부사/5. 독립군전투사(상)/6. 독립군전투사(하)/7. 의열투
쟁사/8. 문화투쟁사/9. 학생독립운동사/10. 대중투쟁사"이
다. 독립운동사에 대한 연구 성과물로서 독립운동사 이해에
큰 도움을 주었지만, 당시 동서냉전체제와 반공이데올로기
로 인해 사회주의계열을 비롯한 좌파 독립운동에 대한 서술
이 배제되었던 한계가 있다.

1987년 국사편찬위원회에 의해,『한민족독립운동사』13권
(1987)이 편찬되었다. 내용은 "국권수호운동Ⅰ/국권수호운
동Ⅱ/3·1운동/독립전쟁/일제의 식민통치/열강과 한국독립
운동/대한민국임시정부/3·1운동이후의 민족운동 1/3·1운
동이후의 민족운동 2/제국주의와 아시아의 민족운동/한민
족독립운동의 기본흐름/한민족독립운동사연구의 회고와 전
망/한민족독립운동사 연표"이다.

2007년 독립기념관은 광복 60주년을 기념하여 한국독립운동사편찬위원회를 구성하여 『한국독립운동의 역사』60권을 편찬하였다. 전체적인 내용은 다음과 같이 구성되었다. 한말과 일제강점기에 일제의 침략상과 강점 지배의 행태를 단계적으로 다루었다. 그리고 이에 저항·투쟁하면서 국권을 수호·회복하려던 움직임을 기술했다. 의병운동과 애국계몽운동을 먼저 다루고 이어서 일제강점기의 국권회복·독립투쟁을 다루었다. 일제강점기의 국권회복운동은 3·1운동까지 1910년대의 항일독립운동과 3·1운동 이후의 대한민국 임시정부와 외교운동, 초기의 무장투쟁과 의열투쟁, 국내의 민족역량 강화 운동을 포함한 각계의 독립운동 그리고 국외의 제반 항일무장투쟁, 독립국가 건설운동 등을 망라했다.

특히 종래 분단과 이념적 대결로 인해 방치되어왔던 사회 (공산)주의계와 아나키즘계의 독립운동과 좌우합작운동 등을 포괄할 수 있게 된 것은 민주주의 발전을 통해 쟁취한 사상·학문 자유의 결과이다.

『부산·울산·경남 독립운동사 사적지』1−2(독립기념관 한국독립운동사연구소, 2010), 『경북·경남 국가수호사적지』(독립기념관 한국독립운동사연구소, 2010)도 출판되었다.

경남지역의 경우에도 독립운동에 대한 연구가 이루어졌다. 지역에 대한 관심이 고조되는 1980년대 후반부터 전문 연구자들에 의해 3·1운동에 대한 연구가 이루어졌다.

정연태, 「경남지역의 3·1운동」, 『3·1민족해방운동연구』, 청년사,

1989.

이정은, 「창녕군 영산의 3·1운동」, 『한국독립운동사연구』 2,
1988.

이정은, 「경남 합천의 3·1운동」, 『한국독립운동사연구』 3, 1989.

김상환, 「경남 통영의 3·1운동」, 『경상사학』 20, 2004.

도진순·박철규·전갑생, 『군북 3·1독립운동사』, 군북 3·1운동 기
념사업회, 선인, 2004.

김상환, 「경상남도 3·1운동의 전개와 양상」, 『지역과 역사』 29,
2011.

『경남독립운동소사』편찬 이후로 향토사학자들에 의한 독
립운동사가 출판되었다.

(사)삼일동지회, 『부산 경남 3·1독립 운동사』, 1979.

경상남도향토사연구협의회, 『경상남도 각 시군의 3·1독립운동』,
1999.

이대수(편)저, 『경남항일독립운동참여자록』, 마산보훈청, 2001.

(사)3·1동지회, 『부산 경남 3·1운동사』, 1979.

경상남도향토사연구협의회편, 『경상남도 각 시·군의 3·1독립운
동』, 1999.

한국문화원연합회 경상남도지회편, 『경남지역 3·1운동사』,
2007.

경남매일신문사, 『경남독립운동사』, 2014.

이외에도 각 시군별로 독립운동에 대한 서적들이 문화원 등
에서 출판되었다. 『함안항일독립운동사』(함안문화원, 1998), 『진
주항일운동사』(진주문화원, 2008) 등이다.

『소사』는 일제의 폭력성에 대한 고발서이기도 하다. 파성 설창수(薛昌洙, 1916~1931)는 서문에서, "그 해적적(海賊的) 잔인(殘忍)과 폭학(暴虐)의 근성(根性) 및 불멸불치(不滅不治)의 대겁죄(大劫罪)에 대한 역력한 고발서(告發書)가 될 것"이라 하였다. 또한 『소사』의 편찬은 독립운동을 민족적 감상이 아니라 당시 사회에 대한 경종의 의미로 해석했다.

홍수원은 진주 출신으로 광림학교에서 혈성단을 조직하여 상해 임정을 위한 군자금 모집과 선전활동을 함 (청강스님 소장)

"저자는 한갓 우리의 민족적 감상에 대답함만 아니다. 생전에 못 뵈았던 선생의 정신적 초상을 재현시키므로써 이 땅 오늘의 민족적 감상을 지양(止揚)시키고 역사적 둔감(鈍感)이나 노방인(路傍人)의 비열(卑劣)에 경종(警鐘)하려함이 아닌가 짐작된다. 한사람 인자(人子)의 효성만으론 이번 상재(上梓)일의 피 땀 고인 저력이 이룩되지 못했을 것이기 때문이다."

설창수는 독립운동가이다. 창원에서 출생하여, 1931년 진주공립농업학교 재학 중 TK단에 가담, 활동하다가 체포당했다. 1939년 도일하여 니혼대학[日本大學]에 재학 중 학생들의 민족의식을 선동한 혐의를 받아 「치안유지법」 위반으로 체포·송환되어 2년간 옥고를 치루기도 했다. 광복 이후 『경남일보』 주필·사장을 역임하는 가운데 개천예술제를 개최하는 등 60여 년간 진주지역 문화예술계에 지대한 공헌을 남겼다. 1998년 6월 26일 향년 83세를 일기로 서 세상을 떠났다.

새로운 자료를 얻을 수도 있었다. 진주의 독립운동가였던 홍수원의 사진이 원고들과 함께 발견되었다. 2권을 끝내 완성하지 못한 것은 아쉬움으로 남는다. 필자가 남긴 자료를 잘 정리해 보면 2권 편찬도 가능할지 모르겠다.

저자	저서명	발행처	년도
변지섭	경남독립운동소사	삼협인쇄사	1966
김충남	순교자 주기철 목사 생애	기독교문사	1970
한국유림독립운동파리장서비건립위원회	(한국유림독립운동)파리장서비 건립보고서	한국유림독립운동 파리장서비건립 위원회	1973
김영대	형평	송산출판사	1978
삼일동지회	부산경남삼일운동사	삼일동지회	1979
하봉주 · 조성국	(영산 3·1독립 운동소사)봉화	영산3·1독립운동 유족회	1979
안인호	함안 3·1독립운동사 편찬자료		1982
증손 안희주	우봉실기(안지호)		1984
학교법인 영산학원	영산학교 십년사 (1975년~1985년)	보광중고등학교	1985
정찬갑	하동읍50년사	하동읍	1989
합천문화원	합천의 독립운동사 – 의병·의거 및 3·1운동 –	합천문화원	1990
민경배	(근대인물한국사 313)주기철	동아일보사	1992
조현식	고성의 독립운동사	고성향토사료연구회	1992
남부희	유림의 독립운동사 연구	범조사	1994
추경화	항일투사열전 –애국지사999인– 1, 2권	청학	1995
석원화 · 정운경	약산 김원봉장군	고구려	1997
이규석	함안항일독립운동사	함안문화원	1998
경상남도향토사연구협의회	경상남도 각 시군의 3·1독립운동	경상남도향토사 연구협의회	1999
김해교회100년사 편찬위원회	김해교회 백년사, 1894~1994	김해교회	1999
김해교회100년사 편찬위원회	사진으로 보는 김해교회 백년사	김해교회	1999
오주환	산청향토사	산청문화원	1999
추경화	하동 독립유공자 공훈록	하동문화원	2000
계명대학교 한국학연구원	합천지역의 역사와 문화	합천문화원	2000

저자	저서명	발행처	년도
이대수·마산 보훈지청	경남항일독립운동참여자록	고구려	2001
삼진독립운동사 편찬위원회	삼진독립운동사		2001
진주여성문학인회	진주여성문학 − 형평운동 80주년기념특집 −	진주여성문학인회	2002
김우영	남해군의 항일운동	남해군	2003
강만길	밀양의 독립운동사	밀양문화원	2003
최인찬	유림의 독립운동	산청문화원	2003
김상환	일제시기 통영의 3·1운동과 민족운동의 전개	통영문화원	2003
도진순·박철규· 전갑생	군북3·1독립운동사 − 군북천의 메아리는 청사에 남아 −	군북 3·1독립운동 기념사업회	2004
양산항일독립운동사 편찬위원회	양산항일독립운동사	양산항일독립운동사 편찬위원회	2004
강대민	여성조선의용군 박차정 의사	고구려	2004
황정덕	진해지역의 항일독립운동사	금창출판사	2004
김성진	함양역사인물록 上, 下권	함양문화원	2004
손기현	항일독립운동의 선구자 − 약산김원봉장군 −	밀양문화원	2005
한국유림독립운동파 리장서비건립추진위 원회	(한국유림 독립운동) 파리장서약사	기미유림독립운동 유족회	2006
한성도	김원봉 − 대륙에 남긴 꿈 −	역사공간	2006
학교법인 영산학원	영산학원삼십년사. 1975~2005	보광중고등학교	2006
최봉춘	조선의용대 혈전실기	밀양문화원	2006
한국문화원연합회 경상남도지회	경남지역 3·1독립운동사	도서출판 경남	2007
이정은	경남 함안군 3·1운동 독립운동	독립기념관	2007
서울교육대학교 역사 논술연구회	(역사학자 33인이 선정한 인물로 보는 한국사 54)주기철	파랑새	2007
경남과학기술대학교 청담사상연구소	마음사상 제5집	경남과학기술대학교 청담사상연구소	2007
송성안	일제강점기 〈중외일보〉속의 마산	마산문화원	2007
파리장서비건립 사천 추진위원회	한국유림독립운동 읍리장서비근 수지	읍리장서비건립 사천추진위원회	2007

저자	저서명	발행처	년도
김성진·추경화	함양 항일 투사록	함양문화원	2007
합천문화원	신재 주세붕 선생·합천 3·1운동사 학술토론회 자료집	합천문화원	2008
정중호	일제말기 영남지역 기독교인 항일운동	대원당기획출판사	2008
의령문화원	입산마을의 역사와 문화	선인	2008
추경화	진주 항일운동사	진주문화원	2008
양산항일독립운동사 편찬위원회	(증보판)양산항일독립운동사	양산향토사연구회	2009
밀양문화원	석정 윤세주 열사의 생애와 독립정신 - 석정 윤세주 열사의 투쟁사를 중심으로 조명해 보는 밀양의 독립운동사 -	밀양문화원	2009
애국지사 대암 이태준 선생기념사업회	애국지사 대암 이태준선생 서거 88주년 기념 국제학술회의 자료집	함안군	2009
송경희·김병주	대암 이태준 - 신의라 불린 독립지사 -	라이프플러스인서울	2010
남명학연구총서	면우 곽종석의 학문과 사상 (남명학연구총서 제9집)	술이	2010
추경화	산청항일운동사	산청문화원	2010
청담문도회	청담 대종사의 생애와 사상 (청담대종사전서 11)	삼각산 도선사	2010
이규석	(증보)함안항일독립운동사	함안문화원	2011
홍순권 외	부산·울산·경남지역 항일운동과 기억의 현장	선인	2011
(사)삼원회	창원 삼원지역의 지명과 옛 모습	(사)삼원회	2011
이만열·이평래· 박형우·반병률	대암 이태준 이국지사의 삶과 독립운동(함안의 인물과 학문VIII)	함안군, 함안문화원	2011
김상환	경상남도의 3·1독립만세운동	경인문화사	2012
하기호	고성향토사연구	제일인쇄사	2013
윤호진, 의령문화원	의령의 인물과 학문2	도서출판 화인	2013
김영범	의열단·민족혁명당·조선의용대의 영혼 윤세주	역사공간	2013
정재상	지리산 항일투쟁영웅〈 - 을 삭제〉 류명국, 양문칠장군 - 옥중에서 전 사한 항일투사 117인 -	하동문화원	2013
유림독립운동기념관	파리장서와 유림의 독립운동	유림독립운동기념관	2013

저자	저서명	발행처	년도
류제군	동양평화를 외친 하얼빈의 총성	해맞이미디어	2014
김원이·이왕동	초량교회 120년 약사, 1892~2012	120년사 편찬위원회	2013
손정태	밀양의 항일독립운동가	(사)밀양독립운동사 연구소	2014
유승준	서쪽하늘 붉은 노을-주기철 목사와 주광조 장로 이야기-	홍성사	2014
(사)밀양독립운동사 연구소	중국 동북삼성 항일독립운동 사적지 답사 보고서	(사)밀양독립운동사 연구소	2014
정재상	항일투사 259인의 마지막 기록	하동문화원	2014
(사)밀양독립운동사 연구소	임시정부 군무부장 약산 김원봉의 발길 따라	(사)밀양독립운동사 연구소	2015
윤한택·전갑생	거제근현대사문헌총서 I (대한제국)	거제문화원 향토사연구소	2015
방광석·이병례·전갑생·김미현	거제근현대사문헌총서 II (대한제국 및 일제강점기)	거제문화원 향토사연구소	2015
전명혁·전갑생	거제근현대사문헌총서 III (일제강점기1)	거제문화원 향토사연구소	2015
전갑생	거제근현대사문헌총서 IV (일제강점기2)	거제문화원 향토사연구소	2015
창원대학교 경남학연구센터	경남의 독립운동가들 그리고 기념 학술심포지엄 자료집	창원대학교 경남학연구센터	2015
정해룡·하기호	고성독립운동사	고성문화원	2015
통영문화원	광복 70년 기념 통영 항일 사적지를 찾아서	통영문화원	2015
이혜숙·강인순	나는 대한민국 경남여성	지앤유	2015
창원대학교 경남학연구센터	경남의 독립운동, 그 현장과 운동가들	선인	2016
통영문화원	광복 70주년 기념 통영의 항일독립운동 학술세미나 자료집	통영문화원	2015
의령문화원	남저 이우식 선생 학술발표회 자료집	의령문화원	2016
박용규	남저 이우식의 민족 독립운동	의령문화원	2017
김충남	순교자 주기철 목사 생애	Grace 은혜출판사	2016
고경석	진해군항사	해군사관학교 해양연구소	2016
문찬인	100년전 하동 어떻게 살았을까?	하동문화원	2017

저자	저서명	발행처	년도
의령문화원	의령의 항일독립운동	의령문화원	2017
최필숙	일제강점기 미리벌의 분노와 희망	(사)밀양독립운동사 연구소	2017
김기영·정오현	창원지역 항일 독립운동 재조명 및 선양 방안	창원시정연구원	2017
함양문화원	(제14회 학술회의) 구한말 함양인의 구국사상 자료집	함양문화원	2018
합천문화원	3·1운동 100주년 기념 학술대회 – 합천군 3·1독립만세운동 – 자료집	합천문화원	2018
권인호 외	합천군 3·1독립만세운동 자료집	합천문화원	2018
김봉곤	하동 유학자 월고 조성가가 기록한 갑오동학농민혁명	하동문화원	2018
하기호·정해룡·추경화	(개정증보판)고성독립운동사	고성문화원	2018
광복회 서울특별시지부	3·1독립선언100년.대한민국 100년 – 광복회 역사강좌 국제심포지엄 – 자료집	광복회 서울특별시지부	2018
스기야마 만타·리진호	백년전 진해향토지	진해문화원	2018
사천문화원	사천 항일독립 운동사 – 3·1운동 및 임시정부수립 100주년 기념 –	사천문화원	2018
이상필 외	의령의 인물과 학문4	의령문화원	2018
진주문화원 향토문화연구소	진주천년역사 총람	진주문화원	2018
전점석, 진해문화원	진해근대문화유산의 재발견	경상남도문화원 연합회	2018
함안문화원	청소년이 읽어야 할 함안의 3·1운동사	함안문화원	2018
강재오 외	청소년이 읽어야 할 함안의 인물	함안문화원	2018
함안문화원	산돌 손양원 목사의 순교자적인 삶과 박애정신(함안의 인물과 학문 IX)	함안문화원	2018
거창문화원	3·1운동 100주년 기념 국제학술대회 – 3·1운동과 거창의 항일운동 – 자료집	거창문화원	2019
거창박물관	3·1운동 100주년 기념 – 거창 항일운동과 애국지사 유묵 특별전 –	거창박물관	2019
의령문화원	2019년 의령문화원 학술발표회 – 의령의 인물과 학문(VI) – 자료집	의령문화원	2019

저자	저서명	발행처	년도
창원시 근현대사 기념사업추진위원회 독립운동분과	3·1독립운동100주년기념 학술심포지엄 자료집	창원시 근현대사 기념사업추진위원회 독립운동분과	2019
통영문화원	3·1운동 100주년 기념 통영의 항일독립운동 학술세미나 자료집	통영문화원	2019
창원대학교 인문과학연구소	3·1운동 100주년 기념 학술대회 – 강점기의 한국, 그 삶의 흔적 – 자료집	창원대학교 인문과학연구소	2019
(사)양산항일독립 운동기념사업회	양산 신평 3·1만세운동 100주년 학술발표회 – 경남 최초의 3·1만세 운동을 조명하다	(사)양산항일독립 운동기념사업회	2019
통영문화원	광복 70년 기념 – 통영항일 사적 지를 찾아서 –	통영문화원	2019
대성동고분박물관	2019 대성동고분박물관 특별전시 기념도록 – 기록과 기억, 김해 역 사를 더하다 –	대성동고분박물관	2019
(사)부경역사연구소	김해 근현대 역사와 문화 학술회 의 – 일제강점기 김해 사람들의 생활과 문화 – 자료집	김해문화원	2019
창원시	마산항 개항 120주년 기념 학술심 포지엄 자료집	창원시	2019
(사)한민족독립정신 연구회	민족정기 – 2019년 3, 4월호 –	(사)한민족독립정신 연구회	2019
추경화	3·1운동 및 임시정부수립 100주년 기념 – 사천 항일독립 운동사 –	사천문화원	2019
이동욱 외	소외된 역사, 경남여성독립운동	광복회 경상남도지부	2019
김해 3·1운동기념 사업회	제1회 김해 3·1독립운동 100주년 기념 학술회 자료집	김해 3·1운동기념 사업회	2019